Une alternative sociologique
Aristote – Marx

DU MÊME AUTEUR

La Grève générale en 1905, le mythe français et la réalité russe, Editions universitaires, Paris (1978), 2e éd.1989
Idées sociales, Editions universitaires, 1982
La politique sociale dans les sociétés industrielles, 1800 à nos jours (1979), Economica, 1984
La pensée sociale de l'Eglise catholique de Léon XIII à nos jours (1980), Editions universitaires, Fribourg, 1984
Histoire et sociologie du syndicalisme (1981), Masson, 1985
Visages de l'Eglise (Collectif), Editions universitaires, Fribourg 1989
Introduction à la sociologie politique, Masson, 1985
Pour une civilisation de l'amour, Fayard, 1990
Sociologie de l'Eglise catholique, Editions universitaires, 1993
Le Temps de la fin des temps , FX de Guibert, 1994
L'eschatologie, Que-sais-je ?, PUF, 1998
Jésus mon Frère, Beauchesne, 1998
Prophétie et Jubilé, Téqui, 1998
L'avenir d'un passé, Rome, Saint-Pétersbourg, Moscou, Téqui, 2001
L'Eglise, Corps du Christ dans l'histoire, FX de Guibert, 2005
Phénoménologie de la religion, DDB, 2007
Quand l'histoire a un sens, Salvator, 2009
L'enseignement social de l'Eglise (avec JP Audoyer), Salvator, 2010
Les Russes et Rome, FX de Guibert, 2010

Patrick DE LAUBIER

Une alternative sociologique
Aristote – Marx

Essai introductif à la sociologie

L'Harmattan

à Georges-Marie Martin Cottier

« Per che vedere si puo, Aristotile essere additatore et conduttore de la gente » Dante, *Convivio* IV, VI, 16

« Une masse d'archi-intéressant, de vivant, de naïf (frais) introduisant à la philosophie » Lénine (Aristote, « Métaphysique ») *Cahiers philosophiques*, Ed. Sociales 1973, p. 351

5e édition, 2000, revue, bibliographie mise à jour

1ère édition : 1978, Éditions universitaires, Fribourg, Suisse

5-7, rue de l'Ecole-Polytechnique, 75005 Paris

http://www.librairieharmattan.com
diffusion.harmattan@wanadoo.fr
harmattan1@wanadoo.fr

ISBN : 978-2-296-55386-6
EAN : 9782296553866

AVERTISSEMENT POUR LA CINQUIÈME EDITION

La première édition de cet ouvrage date de 1978 et elle n'a pas été modifiée depuis bien que de nombreux travaux aient paru sur Aristote qui reste aujourd'hui encore le *maître de ceux qui savent* (Dante), ou plutôt de ceux qui voudraient savoir. La prodigieuse perspicacité de l'ancien étudiant de Platon fait de celui qu'on désignait au Moyen Age par un nom commun, *le philosophe,* la référence classique de l'intelligence et de la raison humaine dans ses plus hautes possibilités.

Nous avons trouvé chez lui les fondements d'une sociologie mise en parallèle ici avec celle de Marx qui était lui-même un grand admirateur du Stagirite. Marx avait un peu pris la place d'Aristote dans les sciences sociales non seulement là où le communisme était la doctrine de l'État, mais aussi, assez souvent dans les universités occidentales, du moins sur le continent européen.A vrai dire, les économistes gardaient leurs distances, mais en sociologie et en science politique, l'interprétation marxiste allait souvent de soi. La chute du régime communiste soviétique a porté un coup sérieux à cette prédominance. On peut même dire qu'elle a pratiquement disparue en Russie et dans la plupart des pays d'Europe de l'Est qui l'avaient connue. Elle reste la doctrine officielle dans la République populaire de Chine, même si on observe un manque de conviction chez ceux qui doivent l'enseigner. Dans les pays occidentaux la situation est plus confuse, mais ce n'est plus l'auteur de référence d'hier.

Le parallèle avec Aristote reste cependant utile et, à notre avis suggestif, parce que Marx représente une tradition de réponse synthétique aux problèmes sociaux dans le sens le plus large, qu'aucun auteur, même Auguste Comte, n'offre au même degré. Comte ne s'est pas borné à donner à la sociologie un nom, son positivisme couvre un large champ du savoir, mais sa praxis n'a pas la force de celle de Marx qui a su mobiliser une partie de la planète pendant près d'un siècle.

Les parties proprement théoriques comme la gnoséologie, l'épistémologie et l'exposé des auteurs à propos des rapports entre la théorie et la pratique (ch.I et II) ne se prêtaient pas à une mise à jour en dépit de leurs lacunes, en revanche on pouvait se demander si les chapitres consacrés à la politique, à l'économie et à la famille ne méritaient pas d'être repris en tenant compte des changements intervenus depuis plus de 20 ans sur la scène mondiale.La chute du communisme, la globalisation et la nouvelle économie, la crise de la famille dans les pays riches ne justifiaient-ils pas une réécriture de ces chapitres?

Si nous ne l'avons pas fait c'est qu'Aristote et, à sa manière Marx se situent au niveau des principes sur lesquels le temps n'a guère de prise. *La Politique* d'Aristote garde une extraordinaire pertinence et ce ne sont pas 20 ans d'histoire contemporaine qui rendent caduques ces intuitions étonnantes qui jalonnent des œuvres qui ont formé la pensée politique occidentale et avec elle la pensée politique moderne. La théorie de la valeur économique chez Aristote a plus d'actualité que celle de Marx qui l'a critiquée au nom des classiques anglais qui avaient fait fausse route avec la valeur/travail. Enfin la crise de la famille et ses conséquences vérifient d'une certaine manière l'analyse d'Aristote.

Marx a moins bien résisté au temps et son économie politique est tributaire de ses sources classiques (libérales) qu'il mettait au service d'un projet révolutionnaire communiste.L'échec du communisme en Russie n'arrange rien. Marx a pourtant posé des questions auxquelles il faut répondre aujourd'hui comme hier quand l'inégalité de la répartition des richesses produites augmente avec l'augmentation des ressources disponibles. On le voit en l'an 2000 aux USA le pays le plus riche du monde après environ 20 ans de croissance sans précédent qui laisse les 20 % les plus pauvres en déficit par rapport à la moyenne du pays.

Au niveau mondial, le phénomène est plus formidable encore. Ce n'est pas *l'échange* qui est inégal, comme l'ont soutenu des néo-marxistes, mais le *partage* qui est injuste d'un point de vue humain faute de régulation politique au niveau mondial au service du Bien commun. Rappelons tout de même que ce n'est pas au nom de la justice que Marx a dénoncé le capitalisme, mais en se référant à une dialectique inspirée de Hegel dont il s'autorisait pour annoncer l'avenir.

La religion est absente de la sociologie aristotélicienne et le marxisme s'est borné à la ranger au plan des superstructures en dénonçant l'aliénation qu'elle entraînerait. Un opium pour le peuple. Contrairement à Engels, il semble que Marx n'ait pas eut une expérience religieuse bien profonde, il ne retient que la dimension sociologique du religieux et le pan-logisme d'Hegel lui tient lieu de métaphysique.

Auguste Comte n'a pas négligé le religieux et après avoir écarté le *pourquoi* au nom du *comment,* il a fini par créer de toute pièce une religion (positiviste) dont la postérité durkheimienne a fait école sous la forme d'un «sociologisme» aux multiples facettes. Pour Durkheim, on le sait, il n'y a pas de spécificité du religieux qui se ramène à du *social* dont la *volonté collective* est l'expression ultime.On entrevoit une parenté entre les deux grands penseurs du

XIXe, Comte et Marx, dont les postérités conservatrices et révolutionnaires commandent toute l'histoire culturelle du XXe: l'un et l'autre ont voulu donner à un monde gagné par la sécularisation des idéologies susceptibles de remplacer la religion et en l'occurrence, le christianisme.

Mircea Eliade a apporté une contribution importante à la science des religions au lendemain de la seconde guerre mondiale en montrant qu'il existe un *homo religiosus* et que la spécificité du religieux apparaît avec une sorte d'évidence dans l'histoire comparée des religions et des croyances. Max Weber avait aussi exploré l'histoire des grandes religions mondiales, mais il s'intéressait davantage à l'histoire économique qu'à celle des croyances et on ne trouve pas chez lui de définitions du religieux. Cette approche nominaliste a cependant contribué à réfuter indirectement la théorie marxiste de la religion-superstructure.

Une brève mise à jour de la bibliographie a paru nécessaire sans qu'on prétende être exhaustif.

Avant-propos

Une alternative sociologique : Aristote–Marx

Un ouvrage d'introduction est souvent plus difficile à rédiger qu'on ne l'imaginait au départ dès que l'on cherche à éviter une simple énumération, plus ou moins érudite, de thèmes qui relèvent de la discipline étudiée. Les sciences humaines offrent des difficultés particulières à cet égard, en raison des options inévitables qui commandent l'organisation elle-même des recherches. Avec la sociologie, les problèmes prennent une singulière ampleur du fait de l'étendue du champ d'investigation et de l'importance des options d'ordre philosophique, qu'il suffise de citer ici deux fondateurs de la sociologie moderne, Comte et Marx, pour mesurer l'enjeu du débat.

En réalité, la sociologie est plus ancienne qu'on ne l'a cru au XIXe et souvent encore au XXe. L'admiration de Comte et de Marx pour Aristote que Dante appelle «le maître de ceux qui savent», aurait pu mettre sur la voie et conduire les sociologues modernes à reconnaître plus explicitement leur dette à l'égard du grand penseur grec, ceci d'autant plus que les débuts d'une science sont très éclairants, sa spécificité y apparaissant plus immédiatement qu'après un long développement historique lorsque des courants ont développé unilatéralement certaines orientations qui n'épuisent pas la discipline dans ce qu'elle a d'essentiel.

L'ambition de cet ouvrage est de faire d'un retour aux sources de la sociologie une introduction à cette branche de notre savoir et de tenter une comparaison entre deux orientations qui nous ont paru suffisamment typiques pour soulever les grandes questions de notre temps d'un point de vue sociologique. Aristote, Marx, deux penseurs qui ont fait école et dont les sociologies qu'il s'agisse de la politique, de l'économie ou de la famille développent des principes dont l'alternative est, on le verra, extrêmement significative.

Introduction ne veut pas dire absence de prise de position, mais plutôt explication des choix et explicitation des conséquences. Les auteurs retenus ne le sont pas pour eux-mêmes, mais pour leur pensée qui, surtout lorsqu'il s'agit de grands génies, est moins tributaire de leur temps qu'une approche «sociologiste» ne pourrait le faire penser. L'histoire des idées, comme la géographie, a ses hauts sommets.

On notera pour finir que, sans être aristotéliciens, beaucoup de sociologues empiristes qui n'excluent pas la dimension éthique, ne serait-ce que par un attachement profond aux idéaux démocratiques, pourraient trouver chez Aristote un cadre épistémologique dont ils ressentent l'absence, sans pouvoir se décider, par crainte des «gnoses», à étudier la philosophie.

Chez les marxistes, des convergences possibles avec la pensée d'Aristote ne sont pas exceptionnelles, on sait que Lénine commenta *La Métaphysique* avec une sorte d'enthousiasme en attendant, à Zurich, de se lancer dans l'action révolutionnaire et Marx avait donné l'exemple en louant le génie du philosophe grec.

En ce 23e centenaire de la mort d'Aristote, l'UNESCO

a organisé une rencontre internationale dont un observateur résuma les débats en écrivant: «Nous sommes tous aristotéliciens», souhaitons, pour Platon, que certaines exceptions confirment la règle, mais il n'est pas impossible qu'un retour à Aristote, dans les sciences humaines, devienne un besoin conscient.

Préface

Prof. A. de Muralt, Université de Genève

Ce livre, qui se présente lui-même comme un simple «essai introductif à la sociologie», apporte bien plus que ce que son titre annonce. Il tente de situer les sciences humaines du fait social et économique dans une perspective philosophique qui permette d'en expliciter correctement l'intelligibilité propre. Puisque le fait social et économique est la manifestation historique concrète, spontanée ou organisée, d'une pluralité d'activités humaines, il s'agit de faire apparaître l'exigence éthique qui meut celles-ci et qui ne peut être que celle du bonheur: si l'homme agit, dans sa famille, dans sa profession, dans la cité, c'est *pour bien vivre.* La référence principale de l'analyse sociologique et économique est donc dans ces conditions la dimension éthique de la vie humaine et de toutes ses manifestations dans le cadre familial, social, économique, politique. Or, constate l'auteur, les sciences humaines au cours de leur immense développement moderne, n'ont pas donné à cette dimension la place qui lui revient. Elles l'ont purement et simplement *ignorée,* comme c'est le cas dans la physique sociale du positivisme comtien (29), dans la sociologie structuraliste mathématiquement formalisée de Boudon (48), dans l'économie libérale et quantitative d'Adam Smith et Ricardo (119, 127); *réintroduite par accident,* sous forme de l'utilité marginale des utilitaristes tels Jevons et Marshall (134), *univoquement hypostasiée,* comme dans le marxisme, où elle prend la forme extrême d'un «impérialisme de la cause finale politique» (54, 92).

Ce faisant, les sciences humaines du fait social et économique n'ont pas réussi à rendre raison de la distinction fondamentale entre théorie et pratique. Soucieuses d'établir leur scientificité, mais ne pouvant concevoir correctement la subordination d'une structure ou d'une forme sociale ou économique à la fin humaine, éthique ou politique que les agents socio-économiques poursuivent à travers elle, elles aboutissent aux écueils contraires de la dépolitisation libérale ou de la surpolitisation marxiste (56, 145).

La sociologie de Boudon refuse le statut d'une science théorico-pratique (statut défini, 17) ; elle se veut pure théorie et en trouve le moyen dans la formalisation mathématique, laquelle est pourtant selon l'auteur un simple instrument (44, 55), donc moins qu'un langage et qu'une structure d'intelligibilité (ce que confirme aussi dans un autre domaine le physicien C. Piron), mais qui permet d'éviter, grâce à la notion de structure formelle, «des prises de positions philosophiques stériles comme le vitalisme ou... des explications de nature téléologique» (Boudon, 47-48). De même, le système de Léon Walras, refusant de considérer le rôle du politique dans le fait économique, aboutit à la scission de l'analyse économique en une «économie pure», mathématique, scientifique et parfaite, et une «économie sociale», conjecturale, placée «sur le terrain des faits, de la réalité, de l'imperfection» (Walras, 136). Et la synthèse d'Alfred Marshall et des utilitaristes tels Jevons ne suffit pas (137), car l'utilité ne manifeste pas la finalité éthique ou politique du fait économique, mais ne représente qu'un mode de l'efficience productrice, qui se laisse également calculer et formaliser mathématiquement (135, citation de Jevons, 53).

Dans le cas de ces penseurs, la distinction théorie/pratique est maintenue strictement, même si elle est atténuée quelque peu chez les utilitaristes (137), puisque la théorie ne peut affirmer son statut de théorie qu'en faisant rigoureusement abstraction de la pratique concrète. Une réelle articulation de la théorie à la pratique, une finalisation du social par le politique, n'appartient donc pas dans cette perspective au domaine de la science du comportement humain. Seule la non-considération de l'éthique et du politique par la sociologie et l'économie garantit la scientificité de ces sciences humaines: le social demeure un fait donc il faut exprimer l'intelligibilité par la formalisation mathématique, et l'économie ne retient que le critère quantifiable de la valeur/travail.

Une telle sérénité scientifique dépolitise l'analyse (Jevons préfère le titre d'*Economics* à celui de *Political economy)*, et sa prétendue neutralité la rend évidemment récupérable à l'idéologie de la pure efficience capitaliste. Aussi, un marxiste «engagé», adepte de la «théorie critique» de Horkheimer, J. Habermas, prend-il le contre-pied d'une telle attitude réputée «contemplative». Son «évolutionnisme volontariste» voit dans le succès politique le gage de la validité d'une théorie (49) – il rencontre curieusement sur ce point le fasciste Gentile, pour qui le succès, c'est-à-dire en définitive la force, est seul critère de vérité. Dans ces conditions, la théorie est pure «praxis» (au sens marxiste de ce terme), le discours critique est de soi pratico-pratique, et en dernière analyse la sociologie est révolution politique. C'est aussi la conclusion de Gramsci: «La science politique doit être conçue dans son contenu concret (et également dans sa formulation logique) comme un organisme de développement» (62).

La sociologie d'un Habermas, quoi qu'il en soit, reste celle d'un idéologue. L'«impéralisme de la cause finale politique» se manifeste plus concrètement dans la pratique économique des régimes socialistes. Ceux-ci réintroduisent en effet dans l'activité économique quantifiable la dimension politique (la seule dimension éthique qu'ils reconnaissent), en déterminant idéalement les besoins de l'ensemble du corps social (142) par subordination à la norme d'une conception politique de l'Etat communiste. Cette théorie, ou plutôt cette pratique, supprime la notion de valeur/travail (140) et réhabilite «en un sens imprévu» la notion de valeur/besoin (142). En subordonnant la production sociale à un «plan qui reflète non l'avis du planificateur, mais l'intérêt commun» (Galbraith, 144), elle rencontre la pratique du capitalisme occidental. La différence est qu'à l'Est le plan est le fruit d'une définition purement idéologique (145), fondée sur le dogme du matérialisme historique, et qu'à l'Ouest il vise à une optimisation de la production, sans renoncer «marginalement» à intégrer le désir de bien vivre de la population, ce que L. Reynolds exprime en parlant de la «rationalisation de la politique économique» (144), et qui serait une belle définition du «libéralisme avancé».

Contrairement à ce qui a été dit plus haut du libéralisme, la distinction théorie/pratique est ici dépassée (aufgehoben). De même que la théorie n'est que praxis, de même le social et l'économique ne sont que politique. Mais il apparaît que malgré le manifeste primat marxiste du politique, l'intention politique se réduit dans la marxisme à n'être que le résultat du processus historique du développement technique des moyens de production, l'acteur principal de ce drame nécessitaire étant dialectiquement le parti (citation de Gramsci, 63) et finalement la société elle-même dans sa totalité unifiée (134). C'est pourquoi l'auteur peut conclure que l'interprétation libérale du fait social et économique, comme le projet socialiste de la société et de l'économie, «se rejoignent dans leurs conceptions des lois réglant la vie sociale». L'une et l'autre considèrent l'activité humaine, sociale et économique, comme l'objet d'une physique sociale, «excluant plus ou moins radicalement la dimension éthique» (127,56). Elles sont l'une et l'autre matérialistes (145). Ce qui pourrait se vérifier par l'extension de ce que dit l'auteur sur la sociologie marxiste de la famille (156) à la conception actuelle, disons à la pratique actuelle de l'Occident en la matière: ici et là, la famille cesse d'être la cellule sociale originaire et se dissout dans la vie privée des individus.

Cette conclusion est fort importante pour l'auteur et fonde en raison le parti qu'il prend d'opposer au libéralisme utilitaire et au marxisme la philosophie aristotélicienne. Il est peu banal en effet de présenter de cette manière le débat, et pourtant cette perspective paraît de loin la plus féconde. La réflexion philosophique de structure aristotélicienne permet d'articuler les deux aspects que d'une part le libéralisme dissocie irrémédiablement (au risque d'un foi irraisonnée dans l'équilibre naturel des forces économiques) et dont d'autre part le marxisme ne retient par réduction téléologique que le deuxième (au risque d'une foi sentimentale en l'«avenir radieux de l'humanité»).

L'instrument méthodologique explicitement mis en œuvre par Aristote, l'analyse causale (33), et en particulier la subordination dans l'indépendance spécifique de la cause formelle à l'égard de la cause finale (35), permet à l'auteur de maintenir d'une part l'autonomie de la sociologie comme science du «phénomène social humain tel que nous le connaissons en étudiant les multiples formes historiques et actuelles de l'organisation sociale» (17), et celle de l'économie comme science de la production et de l'acquisition des biens matériels par le travail humain (113), d'autre part d'introduire dans la trame scientifique même des sciences humaines que sont la sociologie et l'économie la subordination nécessaire (finalement, non pas formellement nécessaire) de l'agir social et économique à l'éthique et au politique, c'est-à-dire au bonheur humain personnel et communautaire.

Le caractère empirique de la sociologie est ainsi préservé (17), ainsi que celui de l'économie. Et parmi les faits d'expérience, il y a celui-ci, que la sociologie et l'économie libérale et marxiste écartent par principe, pour d'autres raisons il est vrai, que l'homme agit, s'associe et travaille «pour s'assurer une vie heureuse» (Aristote, Les Economiques, 115). Sous peine d'a priori injustifiable, une science, car une science ne peut être qu'empirique, ne peut pas ne pas considérer cette dimension manifestement et immédiatement éthique. La sociologie est politique, comme «l'économie est politique» (115). Mais elles le sont finalement, c'est-à-dire selon leur finalité propre (non pas formellement, ce qui définit l'écueil marxiste), et elles n'en restent pas moins formellement description sociographique (78) et analyse typologique des faits sociaux, telles celles que réalise Aristote dans sa définition des «parties» (classes) de l'Etat (81).

Rien n'empêche d'appliquer à la sociologie ainsi conçue les méthodes nouvelles qui ont été mises au point jusqu'à aujourd'hui: elle y gagnera un enrichissement expérimental qu'un Aristote ne pouvait évidemment pas prévoir (cf. les limites de la sociologie et de l'économie aristotéliciennes, 120). Rien n'empêche en particulier l'application des méthodes de formalisation mathématique : celles-ci contribuent à faire apparaître l'autonomie spécifique du social comme tel, dans sa distinction d'avec la politique et l'éthique (127). Rien n'empêche enfin que l'économie ne continue à mettre en lumière les «déterminismes statistiques» de la production : il sera plus facile de discerner désormais ce qui relève de la nécessité du conditionnement matériel de la production et de la décision politique, libre et prudentielle. D'une manière générale par conséquent, le retour à certaines notions d'Aristote permet selon l'auteur de maintenir l'acquis immense de la sociologie et de l'économie contemporaines, sans abandonner la dimension éthique et politique qui leur revient de droit. Une subordination correcte du fait socio-économique au politique permet de dépasser l'utilitarisme libéral et le matérialisme historique, en ne sacrifiant ni l'esprit ni la matière qui constituent substantiellement l'être humain. Les déterminismes matériels de l'efficience productrice laissent ainsi «place à une dimension politique, œuvre de raison et de liberté» (146), qui les fonde en raison et les finalise humainement.

Dans cette perspective anthropologique, l'homme apparaît comme un être dépendant, un être de besoin (67), qui trouve dans la société qu'il forme, famille, amitié, cité, l'actualisation dernière de ses potentialités, c'est-à-dire son bonheur humain, personnel et communautaire (71). L'homme est tel de nature, et les sociétés qu'il forme découlent d'un désir naturel du bien humain, mis en œuvre par l'industrie et la volonté humaines (Thomas d'Aquin) – il faudrait nuancer ici l'affirmation un peu abrupte de l'auteur, que «les sociétés constituent des natures» (84). Les sociétés humaines sont plus que la pluralité des individus qui les composent, par opposition au nominalisme (31), fondement du libéralisme moderne; elles ne se réduisent pas davantage, fût-ce téléologiquement, à n'être qu'un individu total (Marx), animé par la dialectique du matérialisme historique (cf. la pratique par Aristote de la communauté platonicienne, qui vaut également pour Marx et selon laquelle l'unité la plus parfaite possible n'est pas pour toute cité le plus grand des biens, 106).

De cette conception de l'homme découlent plusieurs conséquences. Le sens de l'activité sociale et en particulier de la production des biens matériels ne peut être que tronqué si la sociologie et l'économie considèrent le seul *comment,* c'est-à-dire la seule cause efficiente (150), ce que font aussi bien le libéralisme utilitaire que le marxisme. De cela, la théorie économique de la valeur donne un exemple particulièrement frappant, car elle «permet de suivre avec une certaine précision l'évolution d'un problème absolument décisif qui est celui des rapports entre les deux pôles indissociables de l'économie politique, savoir les techniques et la finalité ou intention (politique)» (114).

Pour Aristote en effet, la valeur d'un bien produit est déterminée finalement comme une valeur/besoin, valeur apparemment subjective, mais réellement objective dans la mesure où elle correspond à un désir juste de l'homme et où elle se définit dans l'équilibre prudentiel des désirs des autres hommes, l'ensemble de ces désirs étant réglés de par et dans l'amitié personnelle et communautaire que se portent les hommes (119). On comprend la nature et la portée de cette objectivité quand on considère en regard de la technique de production des besoins qui caractérise la société de consommation contemporaine et qui trop souvent aboutit à l'exploitation du désir subjectif de l'un par le désir subjectif de l'autre. On comprend aussi que l'échange des biens ainsi évalués ne saurait se proposer pour but d'optimiser absolument le profit, c'est-à-dire d'accumuler simplement la monnaie, sans référence aucune à la dimension éthique; ce serait l'expression d'une *epithumia* contre nature et irrationnelle (118), celle que l'on prête d'ordinaire au capitalisme, à tort dans la mesure où celui-ci n'est de soi qu'un mode de financement. On comprend enfin qu'une certaine appropriation des biens est une condition essentielle d'une économie ainsi conçue (119).

L'aristotélisme médiéval de Thomas prolonge ces réflexions économiques en précisant les termes de l'échange des biens ainsi que le statut de leur propriété. L'échange suppose un marché (forum), lieu de rencontre et «communauté d'intérêts entre les hommes» (Aristote, 123), qui permet d'harmoniser qualitativement le critère éthique et humain du besoin (point de vue final de la production) et le critère du coût de production (point de vue matériel et efficient). Le prix est ainsi le résultat d'une approximation prudentielle, «que la loi et la coutume peuvent éventuellement préciser» (ce terme d'approximation est à prendre au sens étymologique de rapprochement des intérêts et au sens usuel également). Il ne saurait correspondre au seul coût de revient (Scot), ni être imposé par simple réglementation légale (nominalisme médiéval, 124).

Cette doctrine du prix juste, exprimant le fait d'une relation juste entre vendeur et acheteur, est renforcée par celle du partage des biens en cas de nécessité. La propriété n'est pas réelle appropriation, mais mode de jouissance personnelle du bien nécessaire à la vie, si bien que «se servir du bien d'autrui que l'on a dérobé en secret dans un cas d'extrême nécessité n'est pas un vol à proprement parler, car en l'occurrence, ce que nous prenons pour conserver notre propre vie devient nôtre» (Thomas, 123).

On voit à quelle distance une telle réflexion se tient d'une part de la conception libérale qui, supposant la notion de valeur/travail, laisse à l'automatisme du marché, hors de toute dimension éthique, le soin exclusif d'ajuster quantitativement l'offre et la demande et par voie de conséquence de constituer le prix au gré d'un processus quasi mécanique (dans ces conditions, «le pourquoi de la vie économique des nations ne se pose même plus, il est simplement entendu que ce qui sera produit doit être consommé et plus le niveau est élevé, plus la consommation sera forte et mieux le système fonctionnera», 130), et d'autre part de la conception marxiste qui, substituant théoriquement à la notion de valeur/travail une notion idéale de valeur/besoin social global, déterminée hors de toute référence au marché, fixe néanmoins les prix au plus strict coût de revient par la simple division de la quantité globale du temps socialement nécessaire à la production. Ainsi, la propriété, privée de sa dimension éthique, devrait se dissoudre et se dissout de fait, dans le libéralisme comme dans le marxisme, à moins qu'elle ne continue dans le premier cas de s'appuyer sur l'idéologie du droit naturel telle qu'elle a été développée au 18ᵉ siècle.

La thèse principale de l'auteur trouve, après ces dernières analyses, l'expression la plus nette. Le «matérialisme» de la sociologie et de l'économie, tant libérale que marxiste, provient du fait que l'une et l'autre ne retiennent dans leur démarche que les conditions matérielles de la vie sociale, de la production et de l'échange, excluant tout autre considération que celles de la causalité matérielle et efficiente. Cela peut paraître évident pour ce qui est du libéralisme, mais semble contredire l'affirmation répétée de l'«impérialisme de la cause finale politique» dans le marxisme (54, 88-89).

Certes, le marxisme se dit finaliste, téléologique (110); le rôle de la cause finale l'emporte chez lui sur celui de la cause formelle (92), c'est-à-dire sur l'analyse de la constitution des sociétés historiques, car son «impérialisme» s'appuie sur l'arrière-fond d'une philosophie de l'histoire (110), montrant la réalisation progressive d'un messianisme prolétarien (41, 94). Pourtant, le finalisme de Marx est conçu sur le modèle de l'évolutionnisme de Darwin (110), lequel ne pose pas une véritable fin à l'histoire des espèces, mais considère que les formes vivantes sont l'effet produit de fait par l'évolution même des générations vivantes. De même, le finalisme marxiste ne pose la fin du devenir, la société sans classe ni état, que comme produit ultime du développement des conditions matérielles de la production. Ce qui revient à dire 1) que «la sociologie marxiste privilégie la cause matérielle et la cause finale» (35), dans la mesure où elle découvre en elles le principe et le terme du processus historique lui-même, 2) en raison de la conception métaphysique du devenir hégélien que Marx reprend à son compte (39), que «l'apport de Marx se situe essentiellement au niveau des causes efficientes (développement de la production) et finale (société sans classes par la révolution)» (89), dans la mesure où précisément la cause efficiente réalise sa fin, 3) que le messianisme marxiste expose le devenir et l'avénement final d'une classe privilégiée, cette «classe/non-classe» qu'est le prolétariat, laquelle manifeste dans l'histoire, et surtout au terme ultime de celle-ci, la plénitude de sa forme; d'où l'auteur conclut que «la dimension historique... va chez Marx commander toute la sociologie et tenir lieu inextricablement de cause finale et de cause formelle. Deux causes qui sont soigneusement distinguées dans la sociologie aristotélicienne. Cette intégration pratique des causes formelle et finale caractérise le matérialisme historique qui prétend ainsi résoudre toutes les difficultés de l'idéalisme et du matérialisme» (39-40).

Regrouper ainsi les divers éléments de l'analyse causale de l'auteur permet de comprendre pourquoi le finalisme marxiste, pas plus que le libéralisme, ne dépasse la conception d'une fin-effet (finis effectus), résultat nécessaire du devenir historique selon le jeu conjugué des causes matérielles et efficientes ou manifestation ultime révélant la forme même de l'humanité enfin libérée en vérité au terme de l'histoire (d'où l'optimisme nécessitaire de la philosophie de l'histoire marxiste), mais ne parvient pas à penser la notion de fin véritable, de fin-cause (finis cujus gratia), qui met en jeu la contingence et la liberté propre à l'éthique et à la politique aristotélicienne. C'est pourquoi la dimension éthique de la liberté est exclue du matérialisme historique, c'est pourquoi l'analyse marxiste peut paraître s'être donné le moyen de se considérer comme science nécessaire, au prix d'une collusion mal dissimulée avec la sociologie et l'économie libérales qui elles aussi excluent la dimension éthique de la liberté comme non rationnelle. Ici gît véritablement le fond du problème, celui que pose l'«alternative sociologique Aristote-Marx».

La dialectique du matérialisme historique se donne l'illusion d'être finaliste, dans la mesure où elle décrit l'évolution des modes de la production matérielle comme l'avènement nécessaire de la fin de l'histoire, et de ce fait, elle peut prétendre dépasser le libéralisme capitaliste. Du même coup pourtant, par une certaine *coincidentia oppositorum* caractéristique de toute pensée de structure hégélienne, elle se donne l'illusion de la scientificité, dans la mesure où elle réduit de fait la finalité à la production efficace de la forme (de l'humanité sans classe ni état), mais de ce fait elle participe de la structure de pensée qui régit le libéralisme.

Dans le premier cas, elle se présente comme une métaphysique nouvelle, substitut définitif de la métaphysique de la transcendance, métaphysique d'un devenir historique nécessaire soumis à l'«empire de lois générales internes» (Engels, 40), et en particulier à celui d'une finalité immanente. Dans le deuxième, elle se présente comme une science véritable, substitut définitif des sciences humaines de conception libérale, rationnelle dans la mesure où elle conçoit l'activité humaine collective non comme une *praxis* finalisée, mais comme une *poïèsis,* comme une technique nécessairement productrice d'une forme (cf. le sens de la *poïèsis,* grecque, 38), excluant à ce titre le jeu libre des multiples agirs humains et le jugement prudentiel qui permet de les harmoniser.

Bref, de même que les contraires participent d'un même genre, de même le marxisme est bien le contraire du libéralisme, et de ce fait convient avec lui dans la non-considération d'une authentique cause finale, c'est-à-dire d'une authentique dimension éthique personnelle et politique communautaire. (L'auteur met en évidence le paradoxe que recèle l'impérialisme marxiste de la cause finale politique, en rappelant que «le politique n'est qu'une superstructure de l'économie» pour le matérialisme historique,

145). Il s'agit donc d'échapper à l'alternance dialectique libéralisme/marxisme, en découvrant la réelle contradictoire à ces deux termes, savoir une sociologie conçue selon la structure de la philosophie aristotélicienne.

A partir de là, il est possible d'ouvrir quelques perspectives qui dépassent le domaine strict de la sociologie et de l'économie. Car l'aristotélisme répond, dans le dialogue philosophique, aussi bien au nominalisme individualiste (Sophistes, Occam) qu'au substantialisme ontologique (Platon). Et le rôle de contradictoire qu'il joue à l'égard de ces contraires, est le même que l'analyse causale de l'auteur joue à l'égard des contraires que sont le libéralisme et le marxisme. C'est ainsi qu'une sociologie de structure aristotélicienne s'oppose d'une part au nominalisme sociologique qui dissout la société dans les individus qui la composent, et d'autre part au «substantialisme» marxiste qui considère la société comme une nature, une «substance ayant sa propre autonomie, à côté ou au-dessus des individus» (31). Dans la première perspective, on trouve évidemment Occam et sa descendance immédiate, le libéralisme sociologique sous toutes ses formes, «selon lequel les types de sociétés ne sont que des noms sans contrepartie dans la réalité objective, qui n'offrirait que des individus» (79), ainsi que l'économie de la valeur/travail, laquelle conçoit le système économique comme un ensemble «mesurable formé d'une somme d'individus» (A. Smith, 133). Dans le deuxième, on trouve la sociologie de Durkheim, pour qui le fait social est une «chose» (31, 80) et celle de Marx, dont l'analyse, assez proche au départ de celle de l'aristotélisme, finit par considérer, en fonction de sa dialectique de type hégélien (81), que la pluralité des agents socio-économiques se réduit à une «conception générique de la nature humaine, qui fait de la classe, puis de la société dans sa totalité l'acteur essentiel» (133-134).

Il apparaît ainsi que la conception libérale refuse toute entité objective à cette réalité universelle qu'est la société en dehors des individus qui la composent, alors que la conception marxiste refuse toute réalité autonome aux individus eux-mêmes, au profit de la seule totalité «générique» de l'humanité, c'est-à-dire du prolétariat. La première rejette donc la réalité de l'universel que la deuxième hypostasie exclusivement. Aussi bien dissolvent-elles l'une et l'autre le lien politique de la société dans la société elle-même. Le libéralisme contenant en soi le socialisme qui le nie, l'un est bien le contraire de l'autre dans le même genre.

En revanche, la position aristotélicienne montre que la société est une réalité relationnelle (32-33), une relation politique réelle, que l'analyse étudie abstraitement comme tout universel certes, mais qui n'existe ni comme un pur nom ni comme un concept réifié unique (79). L'unité politique ne se dissout pas ici dans le social. La constitution politique de la société fait de la communauté humaine une réalité concrète dont l'unité est l'Etat même et qui est comme telle plus parfaite que les individus qui la composent.

La thèse présentée ici et les considérations qui la fondent sont d'un intérêt considérable. Elles clarifient le débat sociologique contemporain en lui proposant une voie susceptible de l'empêcher de s'enliser dans l'alternative épuisante libéralisme/marxisme. Elles dégagent le terrain propice à un réel dialogue entre la philosophie et les sciences humaines, en montrant dans quelle mesure les sciences humaines ne peuvent éviter de fonder leur démarche sur des options philosophiques informulées. Mais surtout, elles ont un enjeu concret immédiat: «L'enjeu de cette confrontation est tout autre chose qu'une querelle d'érudits. La vie quotidienne de peuples entiers est directement concernée par des opinions sociologiques qui aboutissent à des régimes politiques concrets, à des économies d'un type précis et à des conceptions de la famille dont les conséquences pratiques sont décisives au plan personnel» (167).

Mais, la thèse définie, il faut l'articuler strictement (la présente recension y contribue en précisant et prolongeant certaines perspectives esquissées) et surtout en fonder les éléments dans le détail. L'auteur, qui reconnaît le caractère schématique de certains de ses rapprochements (50), en conviendrait sans doute volontiers.

Introduction

Sociologie et connaissance philosophique

L'objet propre de la sociologie est le phénomène social humain tel que nous le connaissons en étudiant les multiples formes historiques et actuelles de l'organisation sociale. Spontanément, nous avons un certain nombre d'idées sur les faits sociaux qui résultent de notre expérience quotidienne, mais pour que ces connaissances, plus ou moins étendues et d'une précision variable, puissent se présenter comme un savoir sociologique, un certain degré d'élaboration est requis.

Dans une première phase, il s'agit de recueillir des faits et de les classer. Sur cette base empirique, des hypothèses explicatives peuvent être vérifiées et donner lieu à de nouvelles recherches qui, à leur tour, suggèrent d'autres explications, ceci jusqu'au moment où des lois rendant intelligibles une suite de phénomènes précis sont dégagées avec plus ou moins de rigueur et d'exactitude.

Le savoir sociologique est théorico-pratique, car il s'agit de *connaître* le phénomène social humain; toutefois, cette connaissance tend normalement à éclairer la pratique, qu'elle soit d'ordre politique, social ou économique. Plusieurs niveaux d'analyse sociologique peuvent d'ailleurs être distingués, allant de l'étude concrète des processus de la vie sociale jusqu'à la considération des principes. D'une manière générale, la sociologie est tributaire de la philosophie dès qu'il s'agit de critique de la connaissance (gnoséologie) et de la théorie des sciences (épistémologie) qui s'imposent préalablement à toute recherche sur la nature du phénomène social en tant que tel.

I. Gnoséologie

Comment connaissons-nous et que connaissons-nous? Ce vaste problème philosophique se trouve posé du fait que les connaissances données par les sens contredisent, apparemment, ce que la pensée saisit. D'un côté, il y a le monde des phénomènes matériels, de l'autre, celui des intelligibles immatériels: «ce conflit, dans la connaissance humaine, de la sensibilité et de l'entendement, est le foyer central de la vie philosophique» (Gilson). Les rapports du connaissant et du connaissable nous permettent-ils de dire qu'il y a conformité entre l'idée et la chose perçue par les sens? Dans l'affirmative, notre pensée est branchée sur le réel et l'on peut parler de vérité. Dans le cas contraire, il y a seulement des idées, sans qu'on puisse se prononcer sur la réalité des choses et il faut renoncer à chercher une vérité dans la connaissance humaine.

On voit l'enjeu: vérité ou non-vérité de la pensée.

Nous retiendrons ici trois types de réponses à ces questions, celle du courant idéaliste * moderne issu de Descartes, celle du matérialisme dialectique de Marx, enfin

* Idéalisme au sens technique caractérisé par une démarche *subjective*, indépendamment des options spiritualiste, agnostique ou athée. Cf. définitions en annexe.

celle du réalisme thomiste dans la perspective ouverte par Aristote.

Solution idéaliste cartésienne

Pour Descartes, la pensée connaît les choses grâce à des représentations distinctes à la fois de la pensée et des choses, c'est ce qu'on a appelé des «idées-tableaux». Le point de départ de la réflexion cartésienne est foncièrement subjectif en ce sens que la conscience commence par se poser la question de l'existence des choses extérieures et, constatant l'opposition entre la pensée et l'étendue, qui caractérise les choses matérielles, elle croit trouver dans les «idées-tableaux» un intermédiaire valable, un pont, pour relier deux réalités radicalement hétérogènes. Trois notes essentielles dans cette philosophie: subjectivité (on part de la conscience de soi), dualisme (entre la pensée et les choses corporelles connues), idéalisme (idées-tableaux permettant de relier la pensée et la chose connue qui ne l'est ainsi qu'indirectement). Kant et Hegel seront, chacun à sa manière (agnostique chez le premier, pan-logique chez le second), les héritiers de l'idéalisme cartésien et avec eux de nombreux philosophes modernes exception faite du marxisme et, pour une part, de la phénoménologie.

Solution du matérialisme dialectique

Le matérialisme dialectique, c'est la thèse matérialiste traditionnelle qui ramène la pensée aux opérations des sens et à elles *seules*, avec, en plus, l'adoption de la dialectique hégélienne permettant de concilier les contradictions grâce à un schéma logique reposant en dernière analyse, sur la négation du principe de contradiction formulé par Aristote en ces termes : une chose ne peut pas être et ne pas être en même temps et sous le même rapport. Selon Hegel, ceci est non seulement possible, mais constitue le moteur même de tout mouvement et se trouve à l'origine de toute réalité. Du coup, les difficultés soulevées par les contradictions apparentes entre ce qui est perçu par les sens et l'entendement, entre la pensée et l'étendue, trouvent une solution qui n'exige plus de problématiques «idées-tableaux» de type cartésien. L'idéalisme d'Hegel est répudié au nom du matérialisme, mais ce matérialisme, notons-le, est animé par un processus logique emprunté à l'idéalisme hégélien. Le résultat, c'est que, pour Marx, la *pensée est du même ordre de réalité matérielle que les choses* et connaît ces dernières directement grâce à un processus dialectique (praxis) qui prétend résoudre toutes les difficultés.

Solution du réalisme aristotélico-thomiste

Le point de départ est la *réalité extérieure* et non pas une réflexion de la conscience sur elle-même. L'imagination reçoit les impressions sensibles avec leurs particularités individuelles, et l'esprit, grâce à une faculté naturelle (intellect agent), abstrait de ces données sensibles des intelligibles universels. Cette faculté active de l'esprit possède en puissance, potentiellement, la connaissance des premiers principes indispensables au raisonnement, et cette lumière est déclenchée au contact des données sensibles. Le résultat de cette double opération (données sensibles reçues par l'imagination, abstraction des intelligibles immatériels à partir de ces dernières par l'intellect agent) est une *connaissance directe* des choses par l'esprit, mais à l'état universel et non plus individuel. Nous voyons *un* morceau de pain précis et concret, et nous disons: voici *du* pain, avec une signification universelle.

Remarques sur le problème de la connaissance.

Le caractère extrêmement schématique des résumés qui précèdent ne doit pas faire sous-estimer l'importance considérable de la question qui est reconnue aussi bien par un thomiste comme Gilson (cf. p. 18) que par Engels affirmant que «la grande question fondamentale de toute philosophie, et spécialement de la philosophie moderne, est celle du rapport de la pensée à l'être» (*Ludwig Feuerbach* II). La terminologie utilisée varie selon les auteurs et les écoles, c'est ainsi que les marxistes qualifient l'idéalisme cartésien de «subjectif» pour le distinguer de ce qui serait «l'idéalisme objectif» des aristotéliciens-thomistes. L'idéalisme en ce sens désignerait tout ce qui n'est pas «matérialiste», toute explication reconnaissant à l'esprit une réalité radicalement différente des choses corporelles.

La solution réaliste laisse place effectivement à une dimension spirituelle caractérisant la vie de l'esprit, mais il ne s'agit nullement dans ce cas d'une interprétation dualiste (esprit-matière), car tout le génie d'Aristote fut de dégager de l'observation des faits une explication «hylémorphiste» [1] liant indissolublement dans l'homme l'âme spirituelle et le corps matériel, avec toutes les conséquences que cela implique pour la connaissance humaine.

[1] Terme provenant de deux mots grecs signifiant *matière* et *forme*.

On notera avec intérêt que Marx n'a pas hésité à faire de Descartes un précurseur du matérialisme moderne (*La Sainte Famille* VI) et que Lénine observe à propos de la *Métaphysique* d'Aristote «une masse d'archi-intéressant, de vivant, de naïf (frais) introduisant à la philosophie» *(Cahiers philosophiques)*, ce qui incite à revoir des classifications trop absolues et suggère qu'en dépit d'oppositions fondamentales, la vérité ne cesse d'exercer son attraction.

II. Epistémologie

La théorie des sciences, ou épistémologie revêt une grande importance, car elle se propose notamment de situer les différentes sciences selon une hiérarchie et de faire apparaître leurs relations. Cette organisation du savoir porte sur le rang, la portée et aussi la nature de chaque science.

Nous retiendrons ici deux célèbres épistémologies: celles d'Aristote et de Comte.

Aristote et ses continuateurs anciens et modernes

Le premier critère permettant d'organiser et de classer les sciences selon Aristote est la distinction entre les sciences théoriques et les sciences pratiques. Les premières visent à l'acquisition d'une *connaissance,* tandis que les secondes sont orientées vers une *action* éthico-sociale ou technique.

Le second critère porte sur l'intériorité, ou, au contraire, l'extériorité de l'activité humaine.

Ces deux distinctions ne se recouvrent pas, car une science pratique, comme la morale individuelle, est purement orientée vers l'intérieur tandis qu'une autre science pratique, celle de l'homme politique, par exemple, est orientée vers l'extérieur: dans le premier cas, une décision est prise dans le secret d'une conscience, dans le second cas, la décision est appliquée à un certain nombre d'individus dont la situation sera objectivement modifiée.

Les principales sciences théoriques selon Aristote sont la *Métaphysique* [1], la *philosophie de la nature* («physique» au sens d'Aristote) et les *mathématiques,* science du nombre ou du quantitatif qui est abstrait du réel physique [2].

Le prodigieux développement des sciences empiriques depuis le XVIIe siècle n'a pas rendu complètement vaine l'épistémologie d'Aristote dans le domaine qui est le sien, à savoir philosophique, mais il a sérieusement épuré l'espèce d'impérialisme métaphysique de l'approche aristotélicienne dans les sciences de la nature. La physique, au sens moderne du terme, n'est plus une philosophie de la nature et son indépendance à l'égard de la métaphysique a été définitivement acquise. Ce sont les mathématiques qui ont permis les extraordinaires progrès de la physique théorique appuyée elle-même sur des observations et des expériences de plus en plus étendues et systématiques. Ce succès et les conséquences pratiques

[1] Le terme n'est pas d'Aristote, mais il traduit bien l'ordre de son épistémologie: métaphysique / science des premiers principes étudiant l'être en tant qu'être et que l'on doit aborder après la «physique» appelée aujourd'hui philosophie de la nature.

[2] Les mathématiques n'ont pour objet que des êtres de raison et non pas de l'être réel, purement intelligible comme en métaphysique, ou sensible comme dans la philosophie de la nature (physique chez Aristote).

dans le domaine de la technique ont été mis en parallèle avec la stérilité de la «physique» aristotélicienne, non seulement dans ses excès métaphysiques, mais aussi dans sa perspective propre qui est philosophique. On a assisté dès lors à un nouvel impérialisme, celui des mathématiques, selon lequel il n'y aurait pas de place pour autre chose qu'une approche empiriométrique reléguant ainsi la philosophie de la nature dans la préhistoire des sciences. Cette attitude a même gagné les sciences humaines aux dépens de la philosophie éthico-sociale. Bornons-nous ici à noter ces renversements de perspectives et à suggérer que la vérité pourrait bien se trouver dans une reconnaissance de plus en plus élaborée des domaines propres à ces branches du savoir que sont la philosophie (métaphysique, philosophie de la nature) et les sciences empiriométriques (physique, chimie) [1].

Après les sciences purement théoriques qui correspondent à une activité intérieure (immanente), il y a, dans la perspective d'Aristote, les sciences pratiques dont certaines sont purement intérieures, comme la morale individuelle et d'autres orientées vers l'action extérieure, telles que la politique et la technique. Dans le domaine pratique, les divisions épistémologiques sont plus complexes que dans les sciences purement théoriques. Tantôt, en effet, on opposera parmi les sciences pratiques intériorité et extériorité, comme nous venons de le faire, tantôt on mettra en relief une distinction plus importante, à savoir les sciences qui mettent en jeu la liberté humaine,

[1] La biologie mérite une place spéciale si l'on veut échapper au mécanicisme: le vivant se prête moins à la mesure mathématique qu'à une analyse empirioschématique et ses rapports avec la philosophie de la nature sont plus directs que dans les sciences de l'inorganique.

comme en morale et en politique et les sciences pratiques qui ne visent qu'à mettre en œuvre une technique ou un art faisant appel essentiellement à l'intelligence et à la sensibilité plutôt qu'à la volonté. Dans le premier cas, on parlera des sciences du comportement humain et dans le second cas, des sciences de la production.

Ce n'est pas tout, car ces sciences pratiques prises une à une présentent différents degrés de praticité ou inversement, une partie plus ou moins importante de théorie à l'intérieur même de leur perspective fondamentalement pratique. Il suffit de penser, par exemple, à la politique ou à l'économie, pour voir qu'une part de ces sciences est théorique en ce sens qu'à un certain niveau de réflexion, on s'efforce d'élucider les principes, moins pour agir que pour connaître.

On pourrait représenter les sciences pratiques dans leurs aspects théoriques, par un cône tourné vers en bas et touchant le sol par son extrémité, qui correspondrait à la pratique la plus concrète de la science en question, tandis que la part théorique grandirait au fur et à mesure qu'on s'éloignerait de la base.

Résumons ce tableau en disant que dans l'épistémologie d'Aristote, il y a d'une part les sciences purement *théoriques* visant à la connaissance pure (métaphysique, philosophie de la nature – ou physique – et mathématiques), et d'autre part, les sciences pratiques se contredivisant en sciences de l'*agir* humain (éthico-sociales) et sciences de la *production* (art, technique) comportant des aspects plus théoriques (connaissance) ou plus pratiques.

Le moment est venu de situer la sociologie [1] dans cette

[1] Voir au chapitre 1 l'étude du phénomène social en tant que tel.

classification des sciences et particulièrement par rapport à la science politique et à l'économie.

L'objet de la sociologie, ce sont les sociétés humaines, mais il ne s'agit pour le sociologue, ni d'étudier comment diriger ou régir une société politique, ni d'organiser une vie économique. Il cherche plutôt à connaître les *structures* et le *dynamisme* des sociétés en rassemblant des observations et en s'efforçant d'expliquer des comportements sociaux et des évolutions typiques. Les typologies élaborées sont présentées tantôt comme traduisant *réellement* l'état des choses observées, tantôt comme simples modèles, sans se prononcer sur leur adéquation aux choses, parfois en les niant (nominalisme).

Auguste Comte et le positivisme

L'importance d'Auguste Comte et du positivisme en philosophie et en sociologie est aujourd'hui moins sensible que celle du marxisme. Il n'en reste pas moins que, sous des formes variées, son influence reste très profonde et l'œuvre de ce conservateur athée dont le rationalisme rigoureux a fini par sombrer dans une dévotion fétichiste, est une des plus extraordinaires tentatives des temps modernes.

L'épistémologie de Comte est commandée par sa fameuse *loi des trois états,* formulée dès ses premiers écrits. Elle consiste à supposer, et même à affirmer, que l'humanité connaît trois phases essentielles dans son développement intellectuel dont tout le reste dépend en dernière analyse, à savoir les phases *théologique, métaphysique* et *positiviste.*

Dans la première, on recourt à des explications transcendantes et personnalisées, dans la seconde, la personnalisation laisse la place à des abstractions (la nature, p. ex.) qui préparent l'instauration du positivisme avec lequel on cesse de se poser les insolubles questions du *pourquoi,* pour s'en tenir définitivement au seul *comment.* Notons que cette approche n'est ni idéaliste, ni matérialiste, sans non plus pouvoir se ramener à un réalisme de type aristotélicien, en raison du refus de considérer le pourquoi des choses.

L'esprit humain, dans cette perspective positiviste, progresse en suivant les étapes marquées par l'histoire intellectuelle de l'Humanité et cinq sciences principales se seraient dégagées peu à peu selon un ordre hiérarchique qui est celui de leur complexité.

En premier lieu, il y a la science mathématique ou étude fondamentale abstraite de l'existence universelle, d'abord numérique, puis géométrique et enfin mécanique. En second lieu, se trouve la physique ou étude concrète directe de l'ordre matériel, qui se contredivise elle-même en astronomie et en science de la terre, cette dernière se subdivisant en physique proprement dite et en chimie. Ces deux premiers degrés dans la hiérarchie encyclopédique (ou quatre degrés si on distingue trois branches dans la physique: astronomie, physique proprement dite et chimie), peuvent être groupés sous le titre générique de *cosmologie.* Les trois sciences suivantes ont pour objet non plus l'étude de la terre, mais de l'homme, qu'il s'agisse de la *biologie,* ou étude générale de l'ordre vital dont la physiologie humaine est l'expression la plus perfectionnée, de la *sociologie,* ou étude directe de l'ordre humain pris collectivement, et enfin de la *morale* qui s'attache à l'aspect individuel. Ces différentes sciences de l'homme peuvent être groupées sous le titre générique de *sociolo-*

gie ou étude de l'homme. A cette division «dogmatique» entre l'étude de la terre ou cosmologie et l'étude de l'homme ou sociologie, s'ajoute, en la complétant, la division «historique» entre science de l'ordre extérieur ou philosophie naturelle, (mathématique, physique, biologie) et science de l'ordre humain ou philosophie morale (sociologie, morale).

La philosophie de Comte est à la fois «dogmatique» et «historique» et appelle un certain nombre de précisions et de remarques.

Cette hiérarchie des sciences, en fonction de leur *complexité croissante,* avec, au sommet, la morale s'appuyant sur la sociologie «car l'espèce domine sans cesse l'individu» *(Catéchisme positiviste)* et, pour mieux dire, «l'homme proprement dit, n'est, au fond, qu'une pure abstraction; il n'y a de réel que l'humanité surtout dans l'ordre intellectuel et moral» (*Cours,* 58e leçon). Cette complexité croissante a une histoire qui est vécue par l'humanité et que chaque individu est appelé à revivre. C'est si l'on veut une «épistémologie génétique» allant du simple au complexe à l'intérieur d'une histoire «réduite à l'élite ou l'avant-garde de l'humanité... aux peuples de l'Europe occidentale» (*Cours,* 52e leçon).

Cette approche implique l'élimination de «toute recherche quelconque des causes proprement dites, soit premières, soit finales, pour se borner à étudier les relations invariables qui constituent les lois effectives de tous les événements observables» (*Cours,* 58e leçon) – L'entière élimination de l'absolu conduit d'ailleurs Comte à substituer l'Humanité à Dieu, sans renoncer pour autant au relatif (le seul absolu) puisque «l'organisme collectif est nécessairement assujetti, comme l'organisme individuel, à un inévitable déclin spontané» (*Cours* 60e leçon).

Chez Aristote, la subordination des sciences se fonde sur une hiérarchie qui remonte jusqu'aux causes premières et ce n'est pas le degré de complexité, mais d'universalité et d'intelligibilité qui oriente toute sa démarche scientifique. Selon Aristote, la science régulatrice par excellence est la *métaphysique* ou science de l'être en tant qu'être, tandis que pour Comte, c'est la «physique sociale» ou sociologie positiviste excluant toute métaphysique.

Ce serait pourtant une erreur de penser que l'admiration passionnée de Comte pour Aristote ne se traduit pas aussi par des rapprochements et des perspectives communes, notamment l'importance donnée à l'observable, une certaine méfiance à l'égard des mathématiques et un sens aigu du caractère spécifique, de chaque science [1].

Les textes les plus sociologiques d'Aristote (*Pol.* L. IV, V, VI, par exemple), répondent pour une part aux critères de la science politique (et de la sociologie) formulés par Comte dans un de ses premiers écrits: «Il faut regarder la science politique comme une physique particulière, fondée sur l'observation directe des phénomènes relatifs au développement collectif de l'espèce humaine, ayant pour objet la coordination du passé social, et pour résultat la détermination du système que la marche de la civilisation tend à produire aujourd'hui» [2]. Accord partiel toutefois, parce que Aristote subordonne ses analy-

[1] Par opposition avec Platon et Descartes, tous deux hantés par l'unité et fascinés par les mathématiques.

[2] A. Comte: *Plans des travaux scientifiques nécessaires pour réorganiser la société* (1823). Edit. Aubier, 1970, p. 162–3.

ses sociologiques à une éthique, elle-même orientée par une métaphysique que Comte récuse par aversion pour l'absolu. A défaut de métaphysique, la loi «dogmatique» des trois états réintroduit un substitut de l'absolu plus proche des mythes platoniciens que de la rigueur aristotélicienne.

Chapitre I

La nature du phénomène social et la sociologie

On étudiera le phénomène social dans la perspective aristotélicienne, puis dans la perspective marxiste dont les contrastes et les oppositions n'excluent pas des rapprochements éclairants.

La perspective aristotélicienne

Quelle est la nature du social? Les individus sont-ils les seules réalités véritables du monde social, tandis que les diverses communautés ou sociétés ne seraient, en définitive, que des expressions commodes pour désigner un rassemblement d'individus sans pouvoir désigner pour autant une réalité objective *sui generis,* hors de l'esprit? Au contraire, le phénomène social serait-il une «chose» (Durkheim), une substance ayant sa propre autonomie, à côté (ou au-dessus) des individus? Ni la première solution, qui est celle des nominalistes, ni la seconde, que l'on pourrait qualifier de substantialiste, ne semblent satisfaisantes. Les difficultés, à notre avis insurmontables, d'une analyse systématiquement nominaliste ou substantialiste du phénomène social, trouvent, en revanche, une solution avec *le mode d'être relationnel,* ou relation, qu'Aristote distingue parmi les dix catégories de l'être qui tombent sous le regard de l'intelligence [1]. La *relation* n'est pas un être ayant sa propre autonomie, mais un mode d'être exigeant des sujets supports, et qui a une réalité objective lorsque les sujets en relation sont réels [2]. La réalité humaine du social, sous le mode relationnel, est d'ailleurs impliquée dans la conception aristotélicienne de l'homme: «animal politique». Ajoutons que cette relation sociale doit être *réciproque,* et non unilatérale, pour avoir une réalité objective se distinguant d'un simple rapport à l'autre, à la manière de la relation connaissant–connu qui n'est pas réciproque. On trouve pourtant dans la relation humaine des rapports unilatéraux lorsque l'un des supports humains ne se comporte pas ou n'est pas reconnu comme tel. Un exemple classique est celui du maître à l'égard de l'esclave considéré comme une chose et la dénonciation moderne de l'exploitation de l'homme, de sa «chosification» a ici son fondement non seulement éthique, mais aussi ontologique [3]. La sociologie aristotélicienne [4] est ainsi fondée sur une

[1] Rappelons les dix catégories: substance et neuf accidents exigeant une substance – support: qualité, quantité, relation, temps, lieu, action, passion, position, possession (avoir ceci ou cela).

[2] S'il s'agit d'une relation de raison sans fondement réel, comme en mathématiques (relation de la moitié au tout prise abstraitement) la relation est de type idéal et non réel (ontologiquement).

[3] La lecture du premier chapitre du *Capital* se trouverait éclairée par cette considération «ontologique» en dépit du rejet de la métaphysique par Marx: le travail humain est «chosifié» lorsqu'il n'y a plus de *relation sociale humaine réciproque,* mais simple *rapport* d'exploitation.

[4] Voir à ce propos l'ouvrage d'A. Utz: *L'éthique sociale* (1960) notamment p. 19–43.
Aristote traite de la relation dans *Catégories, Les Topiques IV Métaphy-*

base objective et réelle, non pas substantielle (Durkheim), mais relationnelle, ou mieux interrelationnelle, qui ne soulève ni les difficultés du nominalisme ramenant le social à un être de raison, ni celles d'un substantialisme définissant le social comme une «chose». Il ne s'agit pas ici d'une solution moyenne, mais bien d'une vue *réaliste* du social qui se présente vraiment comme inséparable des individus concrets tout en manifestant un caractère objectif *sui generis* dans ses nombreuses expressions (famille, commune, Etat, associations, etc.) sans pour autant devenir des personnes collectives, si ce n'est métaphoriquement. Pour prendre un exemple, disons qu'une classe sociale, dans la perspective aristotélicienne, n'est ni un ensemble de strates idéalement rassemblées par l'esprit et interchangeables à volonté, comme pour les nominalistes, ni un «morceau» substantiel d'une société, mais bien une *réalité interrelationnelle,* indissociable des individus qui la composent, et offrant une identité spécifique et objective dont la sociologie étudiera les différents aspects (modes de vie, traditions, tendances, etc.).

Si l'on admet que le social, défini comme une réalité interrelationnelle, est l'objet de la sociologie, sous quelle perspective celle-ci l'aborde-t-elle?

Les quatre causes que distingue Aristote donnent les moyens de caractériser la spécificité de la sociologie. Il s'agit, on le sait, des causes matérielle, formelle, efficiente et finale.

La cause matérielle, qui est la cause propre à tout changement physique, caractérise, si on l'applique au phénomène social, l'ethnographie et la sociographie dans la

sique Delta, 15. J. Vuillemin analyse la relation chez Aristote in *De la logique à la théologie* (1967), p. 153 et s.

mesure où ces dernières s'en tiennent à la description des données sociales brutes. La cause efficiente, qui est à l'origine du changement par une action, caractérise plutôt l'anthropologie étudiant l'apparition et le développement de l'homme et des groupes sociaux. La cause finale qui est ce pourquoi une chose est faite trouve une application typique en science politique [1] où il s'agit de réaliser un projet, d'accomplir une tâche. Il reste la cause formelle qui nous paraît bien devoir s'appliquer plus spécialement à la sociologie. La cause formelle est celle qui spécifie une matière, qui lui donne sa forme typique. Dans le cas du phénomène social, les causes formelles correspondent aux typologies, empiriquement dégagées, et aux structures de l'organisation sociale. Pour prendre un exemple, la fameuse distinction de Tönnies entre *Gemeinschaft* et *Gesellschaft* [2] comme formes typiques de sociétés humaines caractérisées respectivement par un aspect communautaire et affectif d'une part et par des traits sociétaires et une rationalité plus accusée d'autre part, illustre bien la démarche formelle de la sociologie étudiant les réalités sociales n'existant qu'à l'état singulier et concret, mais dont les formes typiques sont dégagées pour constituer un savoir scientifique au sens large d'Aristote.

Naturellement, les quatre causes distinguées par Aristote concernent toutes plus ou moins la sociologie parce que le phénomène social dépend des quatre causes, mais chacune d'elles n'en permet pas moins de caractériser

[1] En fait, la science politique contemporaine est de plus en plus une sociologie politique.

[2] F. Tonnies, *Gemeinschaft und Gesellschaft* (1887).

les différentes sciences ou disciplines. On verra que la sociologie marxiste privilégie la cause matérielle *et* la cause finale (matérialisme historique). Dans le cas de la sociologie aristotélicienne, la cause formelle est étroitement rattachée à la cause finale, quoique cette dernière soit plus typique en science politique. L'influence platonicienne (normative) dont Aristote s'est lentement dégagé n'a jamais été répudiée, même dans les textes les plus récents, et nettement sociologiques, de *La Politique*. Une sociologie se réclamant d'Aristote est donc spécifiée par la *cause formelle,* elle-même subordonnée assez étroitement à la *cause finale* (éthique).

La perspective marxiste

Le commentaire des *thèses sur Feuerbach* (1845) et l'ouvrage d'Engels sur *Ludwig Feuerbach et la fin de la philosophie classique allemande* (1888) permettent à elles seules d'esquisser l'analyse marxiste du phénomène social. Marx était mort depuis trois ans lorsque Engels fit paraître dans la *Neue Zeit,* en 1886, la première version de son bref ouvrage sur Feuerbach, mais on notera que, dans l'introduction de 1888, Engels s'exprime aussi au nom de Marx: «un exposé succinct et systématique de nos rapports avec la philosophie hégélienne, de la façon dont nous en sommes sortis et dont nous nous en sommes séparés, me parut, écrit Engels en 1888, s'imposer de plus en plus» [1]. Dans ce domaine, Engels, coauteur

[1] F. ENGELS, *Ludwig Feuerbach et la fin de la philosophie allemande* (1888). Editions sociales, p. 6.

de *l'Idéologie allemande* (1846) est inséparable de Marx, auteur des *Thèses sur Feuerbach* publiées précisément par le premier, quarante et un ans après leur rédaction, avec le commentaire suivant: «Ce sont de simples notes jetées rapidement sur le papier pour être élaborées par la suite, nullement destinées à l'impression, mais d'une valeur inappréciable, comme premier document où soit déposé le germe génial de la nouvelle conception du monde» [1].

Deux idées essentielles sont au cœur des *Thèses sur Feuerbach,* celle de *praxis* et celle de *vie sociale* comprise dans une perspective matérialiste: «Toute vie sociale est essentiellement pratique. Tous les mystères qui détournent la théorie vers le mysticisme trouvent leur solution rationnelle dans la pratique humaine et dans la compréhension de cette pratique» (VIII) [2]. D'emblée, l'analyse de la réalité sociale est commandée par l'action et «la question de savoir s'il y a lieu de reconnaître à la pensée humaine une vérité objective n'est pas une question théorique, mais une question pratique. C'est dans la pratique que l'homme prouve la vérité, c'est-à-dire la réalité et la puissance de sa pensée dans ce monde et pour notre temps, la discussion sur la réalité ou l'irréalité d'une pensée qui s'isole de la pratique est purement scolastique» (II).

Feuerbach avait fait l'éloge de la contemplation grecque de la nature [3] et avait opposé à cette activité théoré-

[1] *Ibidem,* p. 7.

[2] La version des *Thèses sur Feuerbach* publiée par Engels est légèrement différente du manuscrit de Marx qui est traduit dans le texte complet de *l'Idéologie allemande* paru en 1968 aux *Editions sociales* et que nous citons ici avec, en chiffres romains, le numéro de la thèse citée.

[3] L. Feuerbach, *L'essence du Christianisme* (1841). Trad. Osier (Maspéro, 1968), p. 245.

tique, exaltée par Platon et Aristote [1], le culte intéressé des Hébreux préoccupés surtout d'une domination de la nature. Marx dénonce cette interprétation comme mystificatrice («mysticisme» VIII) et revient inlassablement sur la pratique, terme revenant *quatorze fois* dans ces onze thèses qui tiennent en quatre pages. Cette pratique doit, selon Marx, être critique (I), révolutionnaire (III et IV), concrète (V), sociale (VIII), capable, en bref, de transformer le monde (XI). Une si extraordinaire insistance sur l'action se réfère en fait à une métaphysique du devenir puisée à la source hégélienne: «Le devenir, écrivait l'auteur de la *Logik*, est la première pensée concrète, et, partant, la première notion, tandis que l'être et le néant sont des abstractions vides. Lorsqu'on parle de la notion d'être, on veut dire que cette notion consiste dans le devenir, car, en tant qu'être, il est le non-être vide... puisque le devenir est le premier moment concret, il est aussi la première détermination vraie de la pensée» [2]. Ceci en opposition radicale avec Aristote, selon lequel «la science du philosophe est celle de l'être en tant qu'être, pris universellement et non dans l'une de ses parties» [3], et qui avait affirmé qu'il était «absurde de partir de ce que les choses d'ici-bas apparaissent toujours changeantes et ne persistent jamais dans le même état pour en faire la base de notre jugement sur la vérité» [4], car, en défi-

[1] Cf. notamment: ARISTOTE, *Ethique à Nicomaque, LX.*

[2] G.W.F. HEGEL *Science de La logique* (La logique objective), traduction de N. Gutermann et H. Lefebvre, dans Hegel, *Morceaux choisis,* 1936, p. 108. Nous reviendrons sur ce point capital à propos de la sociologie politique (chapitre 3, «rappel des principes»).

[3] ARISTOTE La métaphysique, K 3, 1060 b, 30–35, Nouvelle édition entièrement refondue avec commentaire par J. Tricot, Paris 1970, p. 588.

[4] *Ibidem,* p. 600.

nitive, le raisonnement lui-même devient impossible si aucun principe stable fondé sur le réel, sur l'être, n'est supposé. Marx pensait avoir répondu à ce type d'objection, en attribuant *à la matière concrète ce rôle de premier principe* et avoir dépassé le matérialisme traditionnel et passif, critiqué aussi par Aristote, en l'animant d'une contradiction dialectique qui, dans la société humaine, prendrait justement une forme pratique, active, révolutionnaire. Les thèses sur Feuerbach, montrent à quel point Marx se méfie de l'abstraction [1] et se veut attentif au réel, mais son aversion pour tout ce qui pourrait impliquer une dimension transcendante le conduit à déconsidérer systématiquement tout ce qui n'est pas vérifiable en termes d'action sur le monde, d'efficacité.

Son analyse du social en découle directement, en ce sens qu'il est défini par lui comme un *produit* qu'il ne s'agit pas d'interpréter, à la manière des philosophes, mais de *faire* [2], c'est ainsi, on l'a déjà souligné que «Toute la vie sociale est essentiellement *pratique*» (VIII) de même que la «réalité du monde sensible» doit être saisie «en tant qu'*activité humaine concrète*» (I). Le social, c'est l'activité humaine qui équivaut à un «autochangement» (III). On comprend que dans cette perspective toute considération sur la nature ontologique du social, défini d'un

[1] Après avoir fait la critique implacable de l'abstraction, dans les écrits des années 1840, Marx écrira dans le *Capital* que cette dernière «est la seule force qui puisse servir d'instrument à l'analyse des formes économiques» (préface de la Ire édition allemande) cf. M. Vadée «La critique de l'abstraction par Marx», in *la Logique de Marx,* sous la direction de J. d'Hondt (1974), p. 83.

[2] *Poiesis,* en terme aristotélicien, plutôt que *praxis* qui, pour le philosophe caractérise l'action pratique volontaire impliquant une décision libre, tandis que la première vise l'action technique et artistique.

point de vue aristotélicien comme une réalité interrelationnelle, soit ramenée à de vaines discussions: «Toute discussion sur la réalité ou l'irréalité d'une pensée qui s'isole de la pratique est purement *scolastique*» (II). Toutefois, on ne se débarrasse pas facilement de ce qu'Engels nomme «La grande question fondamentale de toute philosophie... celle du rapport de la pensée à l'être» [1]. Pour y parvenir, il faudra faire appel, sous l'influence d'Hegel, à l'histoire (IV) qui, à peine évoquée dans les thèses de 1845, est en revanche largement utilisée dans l'ouvrage d'Engels sur Ludwig Feuerbach auquel nous arrivons maintenant.

Les thèses de Feuerbach avaient ramené le social à une sorte d'auto-création de la *pratique* ou *praxis* se référant à un primat de la matière, elle-même animée dialectiquement. C'est, si l'on veut, le répondant marxiste du réalisme aristotélicien. Ce dernier est situé entre le matérialisme de Démocrite et l'idéalisme platonicien, tandis que le marxisme se place entre les matérialistes «vulgaires» du XVIIIe et l'idéalisme d'Hegel. Aristote et Marx prétendent se distancer de ces deux extrêmes en s'appuyant en réalité sur des métaphysiques opposées, celle de l'*être* dans le cas d'Aristote, celle du *devenir*, dans le cas de Marx, qui privilégie la pratique concrète, alors qu'Aristote avait soigneusement distingué la théorie de la pratique et, dans cette dernière, l'action intérieure et l'action extérieure (éthique et technique).

La dimension historique, qui reste à l'arrière-plan chez Aristote, va chez Marx commander toute la sociologie et tenir lieu, inextricablement, de cause finale et

[1] Engels, *Ludwig Feuerbach* (1888) Edit. soc. p. 25.

de cause formelle. Deux causes qui sont soigneusement distinguées dans la sociologie aristotélicienne. Cette intégration pratique des causes formelle et finale caractérise le matérialisme historique qui prétend ainsi résoudre toutes les difficultés de l'idéalisme et du matérialisme. Aussi bien, sa théorie de la connaissance est pratique et même «révolutionnaire». Après avoir remarqué que, dans la nature, les changements sont le résultat de l'interaction de facteurs inconscients et aveugles, Engels poursuit: «Par contre, dans l'histoire de la société, ceux qui agissent sont exclusivement des hommes doués de conscience, agissant avec réflexion ou avec passion et poursuivant des buts déterminés; rien ne se produit sans dessein conscient, sans fin voulue. Mais cette différence, quelle que soit son importance pour l'investigation historique, surtout d'événements pris isolément, ne peut rien changer au fait que le cours de l'histoire est sous l'empire de lois générales internes [1].» Quelles sont ces lois qui vont donner à la sociologie marxiste sa finalité? Obscures jusqu'au XIXe. La simplification des rapports sociaux depuis le triomphe de la grande industrie, a permis d'y voir clair: «Il est donc prouvé que, dans l'histoire moderne tout au moins, toutes les luttes politiques sont des luttes de classes et que toutes les luttes émancipatrices de classes, malgré leur forme nécessairement politique – car toute lutte de classe est nécessairement politique – tournent en dernière analyse, autour de l'émancipation *économique*. Par conséquent, l'Etat, le régime politique, constituent, ici tout au moins, l'élément secondaire, et la société civile, le domaine des rela-

[1] F. Engels, *Ludwig Feuerbach*, p. 66–67.

tions économiques, l'élément décisif[1].» Ces relations économiques elles-mêmes sont orientées, si bien qu'au témoignage d'Engels, «plus la science procède avec intransigeance et sans préventions, plus elle se trouve en accord avec les intérêts et les aspirations de la classe ouvrière»[2]. Nous sommes donc là en présence d'un engagement concret et *pratique* tout à fait conforme aux *thèses sur Feuerbach* où l'on retrouve l'insistance sur l'action créatrice de l'homme et l'idée que «l'histoire du développement du travail» est la clé permettant de «comprendre l'histoire de la société tout entière»[3]. La continuité existant entre ces deux textes, rédigés à près de quarante années d'intervalle, est évidente, mais cette lutte sur les deux fronts constitués par l'idéalisme hégélien et le matérialisme vulgaire n'est victorieuse, en définitive, que grâce à l'intervention d'un prolétariat messianique où le *Weltgeist* hégélien s'est incarné. Aristote, qui n'avait pas peur de définir sa philosophie première comme une «théologie» (naturelle), *œuvre de raison,* n'aurait pas manqué de dénoncer ici la production et l'usage d'un mythe, matérialiste avec Marx, idéaliste avec Hegel, par opposition avec un réalisme sans autres limites que celles de la raison, qui, à partir du sensible, est capable d'accéder à la contemplation de la Cause première intelligible[4].

[1] *Ibidem,* p. 73.
[2] *Ibidem,* p. 85.
[3] *Ibidem,* p. 85.
[4] Et non pas, comme le pensait Feuerbach, de l'humanité idéale, nouvelle forme mythique.

Chapitre II

Théorie/Pratique dans les sciences sociales

Ce qui caractérise l'approche scientifique moderne c'est *la mesure* et la *prévisibilité*. Cette réduction par rapport à la définition aristotélicienne selon laquelle la science est une connaissance démonstrative à partir de principes vrais, premiers, immédiats, jouant le rôle de causes par rapport aux conclusions, a donné de bons résultats dans le domaine de l'inorganique grâce aux mathématiques, négligées par Aristote, mais ses succès sont moins sûrs dans l'organique. Avec les sciences sociales et humaines, les difficultés sont plus grandes encore, mais le modèle idéal reste toujours caractérisé par la mesure et la prévisibilité.

Les raisons de cette attitude sont passablement complexes, certaines sont à chercher dans un souci de rigueur face aux incertitudes «philosophiques» particulièrement sensibles depuis que Descartes entreprit de remplacer Aristote, inaugurant un cycle de plus en plus rapide de remplacements, chaque philosophe prétendant souvent reprendre à son propre compte l'ensemble du savoir. D'autres raisons tiennent au refus d'aborder des questions de type métaphysique ou même éthique à la suite d'une option qu'il faut bien qualifier de philosophique ou plus simplement faute d'apercevoir les liens existant entre l'observation empirique et des éclairages ontologiques ou éthiques.

Nous ne discuterons pas ici de ces choix, nous nous bornerons à examiner à travers une discussion sur les rapports entre la théorie et la pratique, la situation «scientifique» actuelle de quelques disciplines relevant des sciences sociales comme la sociologie, la science politique et l'économie.

Rappel d'un principe de l'épistémologie classique [1]

La sociologie, la science politique et l'économie sont-elles des sciences théoriques ou des sciences pratiques? Il s'agit, fondamentalement, de sciences pratiques, car leur objet est en dernière instance l'agir humain. De plus, contrairement à une activité purement technique, l'exercice de la liberté subordonne ces disciplines à la philosophie morale, à la métaphysique et à la théologie compte tenu de la situation existentielle de l'homme.

[1] Indiquons ici quelques textes essentiels auxquels on pourra se référer: J. MARITAIN, *Distinguer pour unir ou les degrés du savoir,* Desclée De Brouwer, [7] 1963, pp. 618–633 et annexe VII pp. 901–918; *Science et Sagesse,* Labergerie, 1935, 2e partie: «Eclaircissements sur la philosophie morale», pp. 227 et s. et plus spécialement p. 278–288. Yves SIMON, *Critique de la connaissance morale,* Desclée De Brouwer, 1934, spécialement pp. 123–142; *Philosophy of Democratic Government,* Phœnix Books, 1966, notamment pp. 260–322 «Democracy and Technology»; *A General Theory of Autority,* University of Notre-Dame, 1962. Charles JOURNET *Theologie de la politique.* Editions Universitaires, Fribourg, 1987. Deux ouvrages plus récents sur Aristote méritent d'être signalés: AUBENQUE, *La prudence chez Aristote,* PUF, 1963, réédition 1976; G. G. GRANGER, *La Théorie aristotélicienne de la science,* Aubier, 1976.

Toutefois, il faut distinguer plusieurs degrés de praticité dans ces branches du savoir et reconnaître le rôle instrumental, parfois, très important, de disciplines purement théoriques, les statistiques par exemple et, plus généralement, la formalisation mathématique.

Les divers degrés de praticité tiennent au fait que si c'est la fin, l'action à réaliser, qui commande, directement ou indirectement, l'élaboration et la mise en œuvre de ces sciences, cette fin ou cette opération sont plus ou moins immédiates. Lorsqu'il s'agit d'une réflexion très générale sur les principes, le caractère théorique est particulièrement accentué et l'on peut parler d'une approche *théorico-pratique*. En revanche, lorsqu'il s'agit d'une mise en application immédiate, l'aspect pratique est plus déterminant et l'on peut parler d'une démarche *pratico-pratique*. Une théorie sociologique de la société, une réflexion sur les régimes politiques ou sur les modèles de croissance économique, appartiennent à la partie théorico-pratique de ces trois disciplines, tandis qu'un sondage électoral, la rédaction d'une constitution ou l'élaboration d'une politique économique conjoncturelle relèvent plutôt de la partie pratico-pratique. On peut concevoir autant de degrés que l'on voudra de théorisation et de praticité dans ces sciences, à condition de ne pas abandonner la composante pratique essentielle qui relève de l'éthique.

Du côté des instruments purement théoriques qui peuvent être mis en œuvre, notamment en économie où les mathématiques rendent les services que l'on sait, il est de toute importance de ne pas perdre de vue leur rôle instrumental, aussi décisif soit-il, car l'objet de la science qu'ils servent est l'agir humain, la liberté des hommes décidant de leur destin, et non pas des «choses» matérielles ou sociales (Durkheim).

La perspective qui vient d'être rappelée n'a pas, à beaucoup près, l'audience des courants contemporains dominés soit par le positivisme [1] soit par le marxisme [2] dans leurs différentes expressions. Il n'en reste pas moins qu'elle nous paraît être la seule à offrir une solution d'ensemble à la question difficile et décisive des rapports entre la théorie et la pratique et par là au débat sur la «scientificité» des sciences sociales.

I. Sociologie

La sociologie est la plus théorique des trois disciplines qui nous occupent ici. Elle étudie le phénomène social dans les sociétés humaines en s'intéressant aux structures typiques et au dynamisme des sociétés et des différents groupes qui les composent. Moins proche de l'action que la science politique, qu'elle contribue à éclairer grâce à un matériel empirique recueilli systématiquement, elle

[1] Voir l'ouvrage récent de L. KOLAKOWSKI, *La philosophie positiviste*, Denoël/Gonthier, 1976, qui retient quatre critères pour définir le positivisme: 1. phénoménalisme, 2. nominalisme, 3. négation de toute valeur cognitive aux jugements de valeur et aux énoncés normatifs, 4. foi en l'unité fondamentale de la méthode de la science pp. 11–17. En raison de son influence dans les pays anglo-saxons, il faut citer ici K. POPPER, *La logique de la découverte scientifique*, 1934, trad. française, Payot, 1973 et *The open society and its enemies* (1945) Routledge, 1974, 2 vol.

[2] Un tableau des courants actuels in H. CHAMBRE, *De Karl Marx à Lénine et Mao tsé Toung* Aubier, 1976, pp. 326–383, complété, pour l'école de Francfort, par l'introduction de P. CONNERTON à *Critical sociology* Penguin Books, 1976.

n'est qu'indirectement axée sur la décision à prendre. Son approche est plus théorique, plus formelle et moins normative. Non pas que la sociologie soit indépendante de la philosophie morale ni qu'elle se désintéresse des réalisations pratiques, qui en définitive commandent le choix de ses sujets d'analyse, ses méthodes et la nature même de son objet, mais elle les aborde avant tout pour les connaître, l'action ne venant qu'en second lieu, ceci par contraste avec la science politique, qui, on le verra, est plus directement concernée par l'action à entreprendre. Cette caractéristique plus formelle de la sociologie explique les nombreux travaux en vue de développer au maximum l'instrumentation mathématique, au point que cette dernière, selon certains, est supposée être seule en mesure de donner un caractère scientifique à la sociologie en éliminant les indéterminations liées à l'agir humain et qui s'opposent à une parfaite scientificité de la sociologie. Pour d'autres, nous pensons aux marxistes, ce ne sont pas les mathématiques, mais une théorie dialectique de l'histoire qui confère à la sociologie son aspect scientifique, toute autre explication étant soupçonnée de conditionnement économico-culturel s'exprimant dans des idéologies réputées illusoires lorsqu'elles contredisent celle que les fondateurs du marxisme ont découverte une fois pour toutes, du moins dans ses principes essentiels. Ainsi, la formalisation de type mathématique, d'une part, et ce que l'on pourrait qualifier d'évolutionnisme volontariste, d'autre part, offrent des solutions qualifiées de scientifiques aux rapports théorie/pratique en sociologie. R. Boudon et J. Habermas sont représentatifs, croyons-nous, de ces deux courants. « Si on voulait, écrit R. Boudon, fixer la date de naissance d'une méthodologie mathématique moderne dans les principales sciences humaines, il faudrait donc retenir pour l'économie, la fin du XIXe siècle, pour la psychologie les années 1920–1930, pour la sociologie les années consécutives à la Seconde Guerre mondiale [1]». Et plus loin le même auteur ajoute «Il s'agit là du fait le plus extérieur mais aussi le plus frappant: toutes les disciplines en sont arrivées aujourd'hui à un point où elles font un usage important de l'instrumentation mathématique [2]». La portée méthodologique et philosophique de ce recours aux mathématiques est mise en évidence par les discussions sur la notion de modèles: «En effet, étant donné que les modèles sont souvent des théories dont on se préoccupe davantage de savoir si elles éclairent la nature d'un phénomène que de savoir si elles sont vraies, il n'y a rien de scandaleux à ce que les modèles fournissant des explications très différentes d'un même phénomène puissent coexister sans que l'un d'entre eux annule les autres [3]». Et puis, R. Boudon en arrive à une option de type philosophique pur et simple sous le signe du structuralisme: «Bref, la notion de structure et son succès relativement récent est le signe qu'on a su donner à la vieille préoccupation de l'analyse des systèmes un début de réponse scientifique là où, autrefois, cette préoccupation se manifestait par des prises de position philosophiques stériles comme le *vitalisme* ou par des explica-

[1] Raymond Boudon, «Modèles et méthodes mathématiques», in *Tendances principales de la recherche dans les sciences sociales* partie 1, Sciences sociales, UNESCO, 1970, p. 632.

[2] *Ibidem*, p. 637.

[3] *Ibidem*, p. 657.

tions de nature téléologique» [1]. Si bien qu'avec ces méthodes nouvelles, R. Boudon estime que les sciences humaines «ont trouvé une voie moyenne entre les explications mécanistes et les explications téléologiques, ou plus exactement qu'elles ont réussi à expliquer ce qui autrefois servait au contraire de principe d'explication, à savoir que les systèmes paraissent obéir à des *causes finales*» [2]. Nous sommes en plein positivisme, et lorsque l'auteur ajoute: «on peut dire que le structuralisme est une perspective plutôt qu'une méthode» [3], il est clair que cette perspective est une option philosophique éliminant *a priori* la cause finale et toute normativité de type éthique au nom d'une scientificité structuraliste à fondement mathématique.

J. Habermas appartient à un tout autre courant, à savoir l'évolutionnisme volontariste marxiste qui insiste au contraire sur la finalité «engagée» de la praxis au point d'éliminer la théorie au sens traditionnel. La «théorie» de l'école critique comporte deux aspects: «Dans un cas, nous avons une praxis sociale qui en tant que synthèse sociétale, permet une connaissance; dans l'autre cas, il s'agit d'une praxis politique qui vise consciemment à

[1] *Ibidem*, p. 600.

[2] *Ibidem*, p. 660.

[3] *Ibidem*, p. 660. Ailleurs, le même auteur va jusqu'au bout de son antifinalisme en proposant d'éliminer la notion de fonction dans l'analyse structuro-fonctionnaliste: «Explicitement ou implicitement, une analyse structuro-fonctionnaliste est ou cherche à être une analyse rigoureuse par laquelle est démontrée la nécessité de la co-occurence ou l'impossibilité de la co-occurence de certains éléments dans un système social. Or, une condition pour que l'analyse tende vers une plus grande rigueur est précisément que la notion de fonction soit éliminée. *Revue française de sociologie* VIII, 1967, p. 206, et R. Boudon, *La crise de la sociologie*, Droz 1971, p. 213.

détruire le système institutionnel existant» [1]. Il n'est pas question ici de connaissance objective de type classique dont le critère serait le vrai, mais «d'une validité qui peut être vérifiée seulement dans le processus de connaissance réussi, c'est-à-dire dans le discours pratique des intéressés. La théorie critique renonce à l'exigence contemplative des théories bâties sur un modèle monologique et elle dénonce dans toutes philosophies jusqu'à maintenant, en dépit de leurs affirmations, ce caractère contemplatif» [2]. C'est l'action réussie qui témoigne de la validité de la théorie (critique) qui elle-même est un discours pratique. Plus loin, Habermas ajoute «Dans ce cadre, le matérialisme historique peut être compris comme une théorie de la société pensée dans une perspective pratique, évitant les faiblesses à la fois de la théorie politique traditionnelle et de la philosophie sociale moderne» [3]. La théorie politique traditionnelle est celle d'Aristote admettant une subordination de l'analyse socio-politique à la métaphysique et à l'éthique, la philosophie sociale moderne est celle des empiristes, s'intéressant à l'analyse objective des phénomènes, dissociée de tout finalisme éthique et même, on l'a vu avec R. Boudon, de la notion de fonction. Dans sa conception de «vérification» de la théorie par la réussite, il semblerait qu'un certain rapprochement puisse être esquissé entre Habermas et son adversaire déclaré K. Popper pour lequel l'hypothèse doit aussi subir le test de la «vérification» ou plutôt de la «falsification» pour être retenue. Cepen-

[1] *Habermas Theory and Practice,* trad. anglaise (Heinemann, London, 1974) de *Theorie und Praxis,* [4] 1971, p. 2.

[2] *Ibidem,* p. 2.

[3] *Ibidem,* p. 3.

dant, l'analogie est écartée par Habermas qui fait remarquer [1] que selon Popper une décision d'ordre éthique, complètement dissociée de sa méthode empirico-déductive, intervient pour fonder son choix de «société ouverte» (libérale). Cette objection vaut pour tous les courants positivistes qui ne parviennent pas à fonder «scientifiquement» leur choix de société. En revanche, l'évolutionnisme volontariste marxiste intègre l'aspect décisionnel, mais il y parvient d'une manière absolument arbitraire puisque c'est le succès politique, très précisément la force, qui vérifie la pertinence du discours pratique.

Les difficultés inextricables que posent les méthodes positiviste et marxiste, lorsqu'il s'agit de fonder scientifiquement les rapports entre la théorie et la pratique dans les sciences sociales trouvent en revanche une réponse, à notre avis fondée, avec l'épistémologie classique dont nous avons esquissé les principes et qu'il convient d'appliquer maintenant à la sociologie. On sait que *La politique* d'Aristote comporte des chapitres qui ont été rédigés à des dates diverses et un changement notable s'observe dans les méthodes employées lorsque l'on passe des livres les plus anciens, très normatifs (2, 3, 7, 8), aux livres plus récents, plus empiriques (1, 4, 5, 6) [2]. Ce que nous voudrions retenir ici, c'est que les textes les plus sociologiques d'Aristote n'excluent ni la métaphysique, ni l'éthique. En développant l'aspect formel de l'analyse des sociétés politiques et de la famille, Aristote insiste non seulement sur le fonctionnalisme des structures socia-

[1] *Ibidem*, p. 280. Pour une discussion des positions de l'école de Francfort et de K. Popper, voir P. Braillard, *Philosophie et relations internationales*, Hautes Etudes Internationales, Genève, 1974, p. 55. et s.

[2] Cf. *infra* p. 69 et s.

les qu'il décrit, mais ne sépare jamais l'étude du fait social humain des objectifs d'ordre éthique qui, de manière moins immédiate qu'en science politique proprement dite, mais fondamentale cependant, guident toute sa recherche et commandent la nature même de son objet. L'analyse sociologique du dynamisme des sociétés humaine reste cyclique chez Aristote comme chez les grecs en général, et c'est ici que la tradition judéo-chrétienne d'un sens de l'histoire apporte un des éléments les plus nouveaux de l'étude des sociétés.

II. L'économie

Samuelson définit l'économie *(Economics)* comme «l'étude des choix par les individus et la société, avec ou sans monnaie, dans l'emploi des ressources productives limitées, à usages alternatifs, en vue de produire des biens et de les distribuer pour la consommation, actuelle ou future, parmi les différentes personnes et groupes de la société. Elle analyse les coûts et profits en vue d'une meilleure allocation des ressources» [1].

Il s'agit, on le voit dans cette définition de l'économiste américain, d'une discipline essentiellement pratique, point de vue partagé par un économiste marxiste comme O. Lange pour qui «l'économie politique, ou économie sociale, est l'étude des lois sociales gouvernant la production et la distribution des moyens matériels de satisfaire les besoins humains» [2].

[1] SAMUELSON, *Economics*, 10 1976, p. 3.

[2] Oskar LANGE, *Political Economy*, 1963, édition 1974, p. 1. On peut se demander si dans la perspective marxiste, la science économique pro-

Toutefois, lorsqu'il s'agit de théorie économique, la scientificité sera souvent liée à une connaissance technique (*tooled knowledge,* selon Schumpeter), sans rapport méthodologique avec la philosophie morale. Ce régime de séparation, sous l'égide des mathématiques, a trouvé en Jevons (1835–1882) un de ses théoriciens les plus résolus et systématiques. Constatation symptomatique, dans la seconde édition (1879) de son ouvrage *The Theory of Political Economy* (1871), l'auteur propose de substituer le terme *Economics* à l'expression traditionnelle *Political Economy,* et affirme sans hésitation qu'il est clair que pour «être une science proprement dite, l'économie doit être une science mathématique» [1], et ceci pour la simple raison que l'économie traite de la quantité. Plaisirs et peines doivent, en effet, selon Jevons, faire l'objet de

prement dite a vraiment une place distincte de la sociologie et de la politique. Le *Capital* est une *critique* de l'économie politique et non un traité d'économie socialiste ou communiste. L'avènement du communisme marquerait d'ailleurs, selon Engels, la fin «du code de l'économie politique moderne» (Lettre à A. F. Lange, 29 mars 1865) et donnerait lieu aux «lignes grandioses d'un plan unique» (*Anti-Dühring,* Editions sociales, p. 335) compatible avec la disparition de l'Etat: «C'est le bond de l'humanité du règne de la nécessité dans le règne de la liberté» (*Ibidem,* p. 322) que la science, débarrassée des entraves que le capitalisme moribond suscite, rendrait possible. Le chapitre sur la science économique in *Tendances principales de la recherche dans les sciences humaines,* pp. 340–426, a été rédigé selon un schéma préparé par Oskar Lange (mort en 1965) par le Secrétariat de l'UNESCO. Il s'agit d'une approche sismondienne, plutôt que marxiste de la science économique, avec une insistance sur les aspects sociaux et politiques et des réserves à propos d'une trop grande formalisation mathématique. On y oppose les conceptions «praxéologique» et «historique» de la science économique, la première étant illustrée par L. Robbins (individualisme et formalisme), la seconde par Marx et M. Weber (appréhension globale et historique).

[1] W. J. Jevons, *The Theory of Political Economy* (1871), Pelican Books, 1970, p. 78.

mesures, sinon directement du moins par leurs effets susceptibles de traitements statistiques. Ainsi, l'économie «pourra graduellement devenir une science exacte» [1]. La signification de l'éthique dans une théorie économique de ce type est indissociable d'une philosophie utilitariste: «La théorie qui suit, écrit Jevons dans son introduction, est entièrement basée sur un calcul du plaisir et de la douleur... je n'ai aucune hésitation à adopter la théorie morale utilitariste qui donne comme critère du bien et du mal l'effet sur le bonheur de l'humanité» [2].

L'argumentation n'est pas toujours aussi explicite chez les tenants actuels d'une économie mathématique autonome, mais on peut penser que cette option philosophique est consciemment ou inconsciemment largement répandue et serait pour l'économie ce qu'est le positivisme en sociologie.

C'est Keynes qui a le plus contribué, chez les théoriciens occidentaux, à réintroduire l'aspect politique dans l'analyse économique. Non pas qu'il renonce à une formalisation mathématique, tout au contraire, mais l'intention pratique (diminuer le chômage) qui est au cœur de sa *Théorie générale* (1936) réordonne en fait les instruments d'analyse à des choix éthiques. La question n'est donc pas de savoir s'il convient ou non de développer les outils théoriques de l'analyse économique mais seulement de ne pas séparer la théorie de la réalité humaine. «L'intérêt porté avant tout aux instruments, écrit L. G. Reynolds, fait courir un certain nombre de dangers. Lorsque 'la théorie vit d'une vie propre', la sensibilité au monde

[1] *Ibidem*, p. 90.
[2] *Ibidem*, p. 91.

économique réel risque de s'émousser. Le choix des problèmes sera faussé: la possibilité technique de les résoudre sera davantage prise en considération que leur intérêt propre» [1]. Et plus loin, le même auteur ajoute: «Le théoricien passionné de technique risque fort de s'égarer dans ce qu'on pourrait appeler la 'pseudo-théorisation', c'est-à-dire dans le traitement de problèmes parfaitement artificiels, qui ne correspondent à rien dans le monde réel et qui ne présentent aucune valeur explicative» [2].

Il est vrai que le danger inverse existe aussi, il consiste en ce qu'on pourrait appeler un impérialisme de la cause finale politique, qui, selon nous, caractérise l'analyse marxiste de l'économie [3]. C'est ce danger qui, vraisemblablement, explique l'attitude d'un Schumpeter déniant toute influence à la philosophie proprement dite sur l'analyse économique et dénonçant les pseudo-explications que l'on trouve chez les historiens des idées économiques qui établissent un lien entre l'évolution des techniques d'analyse et les philosophies [4].

Cette critique manque un point essentiel en ne reconnaissant pas le caractère pratique de l'économie et en accordant à l'analyse théorique une autonomie par rapport à l'éthique qui ne vaut que pour les instruments de calculs, mais non pour le choix des questions à résoudre, et les orientations implicites ou explicites que l'économiste, fût-il théoricien, puise dans ses conceptions de

[1] G. Reynolds, *Les trois mondes de l'économie,* 1975, p. 318 (édition américaine 1971).

[2] *Ibidem,* p. 319.

[3] Voir à ce propos, Dognin, *Initiation à Karl Marx,* Cerf, 1970.

[4] J. A. Schumpeter, *History of Economic Analysis,* 1954, p. 32.

l'homme et de la société. Les excès idéologiques ne peuvent légitimer un dualisme, mais devraient plutôt inciter à mieux préciser les divers degrés de praticité en économie comme dans les autres sciences sociales. Les limites de la scientificité de type mathématique doivent aussi être mises en évidence dans un domaine comme l'économie où les données mesurables sont beaucoup plus riches qu'en sociologie ou en science politique.

Le statut du travail est un exemple des difficultés insurmontables qu'entraînerait l'autonomie des techniques d'analyse économique ou des critères de rationalité des comportements, car ceux-ci renvoient en réalité à des choix dont les racines sont philosophiques. Dans une société qui reconnaît l'esclavage, on ne se posera pas la question de la valeur/travail dans les mêmes termes que dans une société où le travail est considéré comme la source de toute valeur d'échange économique. Les vocabulaires sont parfois analogues, mais le sens est complètement différent. Il ne suffit donc pas de dire que l'économie n'est pas une science exacte, il faut encore, nous semble-t-il, affirmer la non-séparation de la théorie et de la pratique avec sa dimension éthique, ainsi que le caractère instrumental de la formalisation mathématique.

On ne fait ici que reprendre une controverse qui, sous sa forme classique, a été inaugurée par le débat triangulaire: Ricardo, Sismondi, Marx. Le premier adopta une méthode déductive de l'analyse économique, complètement étrangère à toute considération de type philosophique. La rigueur de ses schémas fascina ses contemporains par sa «scientificité» formelle, à l'exception de Sismondi, partisan d'une méthode inductive et d'une intégration de la dimension éthique. Marx, séduit par la logique ricardienne, aperçut aussi le bien-fondé de la critique de Sismondi, mais rejeta sa philosophie morale à laquelle il substitua ce que nous avons appelé un évolutionnisme volontariste de type révolutionnaire. Le qualificatif de science fut revendiqué tant par l'école ricardienne que par le marxisme, tandis que Sismondi fondait la politique sociale moderne en retrouvant l'idée d'Aristote d'une gestion prudentielle des richesses conformément aux besoins humains et non selon des lois s'imposant inéluctablement et pouvant faire l'objet d'une science au sens strict. Dépolitisation libérale, surpolitisation marxiste résultant au fond des rapports entre la théorie et la pratique excluent la dimension éthique classique et plus encore la métaphysique et la théologie au nom de la Science. Une science qui prétend remplacer l'éthique, la métaphysique et la théologie risque bien d'être autre chose que ce qu'on propose à la simple raison. Elle est plutôt une *foi*, une confiance accordée, non à une révélation transcendante, mais à des théories.

III. Science politique

Des trois disciplines examinées ici, la science politique est la plus normative en ce sens que la régulation de la philosophie morale commande plus directement son objet, qui est la promotion et la conservation de l'intérêt général. Ses méthodes sont caractérisées par le rôle déterminant du *savoir prudentiel* qui est dans la philosophie pratique classique, un peu ce qu'est la *praxis* dans l'évolutionnisme volontariste marxiste.

Selon la tradition classique, la sagesse politique est un savoir «architectonique» pour l'ensemble des disciplines sociales auxquelles elle fournit une orientation et une coordination d'ensemble. Ces disciplines sociales subordonnées offrent à leur tour des éclairages particuliers et utilisent des instruments d'analyse et d'action très variés. C'est ainsi que la sociologie apporte des informations et des interprétations indispensables pour la prise de décision politique et l'économie fournit des moyens de connaître quels sont les choix possibles dans l'allocation des ressources.

Ce rappel sommaire de la science politique classique doit être complété par une remarque d'ordre historique. Lorsqu'on fait remonter la science politique moderne à des auteurs comme Machiavel, Bodin, et Hobbes, on n'introduit nullement une dimension scientifique différente de la tradition classique, simplement on remplace une éthique par une autre et très précisément on substitue à une philosophie réaliste du *Bien commun* et de la personne, une conception foncièrement individualiste et technique de la vie politique. La normativité s'identifie aux intérêts des particuliers ou du Prince, sans être plus scientifique pour autant. La science politique contemporaine en Occident a pris ses distances vis-à-vis de toute normativité, du moins dans certains de ses courants [1],

[1] La place donnée à la tradition classique dans la science politique américaine contemporaine est fort inégale. Robert DAHL in *Modern Political Analysis* (1963), [2] 1970, note à propos de la nature de la politique, qu'un point de départ important comme pour «beaucoup d'autres questions» est l'œuvre d'Aristote (p. 4). En revanche, le nom d'Aristote ne figure pas dans l'index analytique des deux ouvrages les plus connus d'EASTON *A Framework for political Analysis*, 1965, et *A Systems Analysis of Political Life*, 1965.

mais il faut constater qu'il s'agit en réalité de formalisations instrumentales ignorant les finalités qui caractérisent la politique. Le systémisme est un exemple typique de cette approche formelle, fort précieuse, sans être pour autant en mesure de constituer la science politique elle-même qui, fondamentalement, vise à mettre en œuvre des choix politiques. Par ailleurs, les théories de la décision *(decision-making)*, ne peuvent remplacer cette science «architectonique» qu'est le savoir prudentiel de type politique, car il s'agit plutôt de techniques décisionnelles au service de l'action politique dont l'orientation est de type éthique [1].

Nous retiendrons ici deux théoriciens qui s'efforcent chacun à sa manière de rendre scientifique la normativité politique elle-même: John Rawls et Gramsci [2].

L'idée directrice de la *Theory of Justice* s'inspire de Locke, Rousseau et Kant, mais se situe à un niveau d'abstraction plus élevé, en ce sens qu'il s'agit non pas de telle forme de société ou de gouvernement, mais des principes de la justice comme objet du contrat social lui-même, savoir ces «principes que des personnes libres et rationnelles cherchant à promouvoir leurs intérêts accepteraient si, placées dans une situation d'égalité, elles avaient à définir les termes fondamentaux de leur association»[3].

Pratiquement, l'auteur formule deux exigences essentielles dont la première est l'égalité dans l'attribution des

[1] Voir K. W. Deutsch, *The Nerves of Government, Models of political communication and control,* 1963.

[2] John Rawls, *A Theory of Justice* (1971), [7] 1976, p. 607, et *Gramsci dans le texte,* Editions sociales 1975, 2e section, «la science politique», p. 415 et s.

[3] J. Rawls, *op. cit.* p. 11.

droits et devoirs fondamentaux. La seconde exigence est formulée ainsi: «les inégalités sociales et économiques, par exemple de richesses et d'autorité, sont considérées comme justes seulement si elles entraînent des avantages relatifs en compensation pour chaque individu, et, particulièrement pour les membres de la société les moins avantagés» [1].

Contrairement à l'utilitarisme classique, ce n'est pas la somme des avantages obtenus par une société considérée comme un seul individu qui sert de critère exclusif, mais plutôt l'équité, *(fairness)*, excluant tout compromis avec les droits fondamentaux.

Les contradictions internes de cette «géométrie morale» ont été mises en évidence notamment par Boudon et les faiblesses philosophiques de l'ouvrage ont été impitoyablement dénoncées [2]. Le large retentissement de cette théorie est pourtant le signe d'une certaine représentatitvité et, de fait, J. Rawls a écrit le livre que beaucoup de théoriciens de la science politique contemporaine souhaitent ou auraient souhaité offrir aux citoyens aisés du Welfare State.

J. Rawls prétend, en effet, avoir découvert la méthode rationnelle pour légitimer scientifiquement la société politique idéale. Le procédé est déductif et s'inspire des modèles économiques sans s'embarrasser de questions

[1] *Ibidem*, p. 14–15.

[2] R. BOUDON, «Justice sociale et intérêt général: à propos de la théorie de la justice de Rawls», in *Revue Française de Science Politique*, volume XXV, n° 2, avril 1975, pp. 193–221. Sous le titre de «Justice: A Spectrum of Responses to John Rawls's Theory» *The American Political Science Review*, vol. LXIX, June 1975, n° 2, a consacré un dossier au débat, voir la contribution d'Allan Bloom, pp. 648–662.

éthiques susceptibles d'être controversées: «le concept de rationalité doit être interprété ici au sens étroit du terme, habituel dans la théorie économique, comme consistant à choisir les moyens les plus efficaces en vue des fins cherchées... On doit éviter de mêler ici tout problème éthique controversé et prendre comme point de départ des propositions faisant l'objet d'un large accord» [1]. Il suffit alors de convenir d'une situation initiale *(original position)* des acteurs aussi simple que possible pour que le raisonnement puisse se dérouler sans encombre. Aristote et Kant sont mis à contribution, mais de manière infortunée [2]. Ce qui manque pour que le «principe d'Aristote» intégré à la théorie de Rawls, permette à l'auteur de se réclamer d'Aristote c'est, paradoxalement, la définition restrictive de ce «principe»: «toutes choses restant égales, les êtres humains prennent plaisir à exercer leurs facultés (innées ou acquises), et cette satisfaction augmente avec les capacités mises en œuvre ou la complexité des opérations elles-mêmes» [3]. La conception aristotélicienne de «nature» se trouve ainsi ramenée à une propension quasi mécanique à faire fonctionner des rouages de plus en plus complexes, sans que l'idée d'une finalité proprement humaine d'ordre éthique (vertus décrites dans l'*Ethique à Nicomaque*) ou sapientielle (vie contemplative ou théorique) ne soit évoquée. Au fond, on ne trouve dans cette tentative apparemment très ambitieuse, qu'une reformulation de l'utilitarisme, rappelant l'économiste Jevons, un siècle auparavant [4].

[1] *Op. cit.,* p. 14.
[2] Cf. Allan Bloom, *op. cit.,* pp. 656–659.
[3] Rawls, *op. cit.,* p. 246.
[4] Cf. *supra,* p. 52.

On en revient à un calcul des plaisirs et des douleurs avec en plus une insistance sur les droits fondamentaux de l'individu que des expériences de politiques totalitaires, inconnues de l'auteur de *The Theory of Political Economy* (1871), expliquent suffisamment, sans modifier pour autant la perspective utilitariste fondamentale. Le refus de la finalité s'appuie sur une augmentation d'allure kantienne du droit *(right)* préféré au bien *(good)*, mais comme on suppose par ailleurs que chaque individu «désire protéger ses intérêts, ses possibilités de promouvoir son idée du bien *(good)*» [1] et que cette tendance est à l'origine même de la définition de l'équité *(fairness)*, on ne voit pas comment harmoniser la théorie de Rawls avec le légalisme kantien, pas plus qu'avec l'eudémonisme aristotélicien. Il ne reste, malgré l'auteur, que la solution hédoniste inspirant un modèle de rationalité politique, *more geometrico*, où le savoir prudentiel n'a plus de place [2].

Avec Gramsci [3] les rapports de la théorie et de la pratique en science politique perdent tout caractère géométrique au profit de la praxis et de la philosophie dont elle

[1] RAWLS, *op. cit.*, p. 560.

[2] Ce bref commentaire critique ne rend pas compte des richesses de cet ouvrage imposant qui a eu le mérite de sortir, temporairement du moins, la science politique contemporaine, surtout américaine, de son empirisme sociologique. Malheureusement, les faiblesses philosophiques stérilisent cette tentative.

[3] Nous citons Gramsci d'après l'ouvrage déjà cité *Gramsci dans le texte*. De nombreuses études ont été consacrées à la pensée de l'auteur italien. On retiendra la présentation de la notion de «bloc historique» par H. CHAMBRE, *op. cit.*, p. 280 et s. (qui suit H. PORTELLI, *Gramsci et le bloc historique*), et surtout la profonde analyse de G. COTTIER, «Le Néomarxisme d'Antonio Gramsci», in *Du romantisme au marxisme*, Paris, 1961, pp. 207-226.

est indissociable: «L'innovation fondamentale introduite par la philosophie de la praxis dans la science de la politique et de l'histoire, écrit-il, est la démonstration qu'il n'existe pas de 'nature humaine' abstraite, fixe et immuable (concept qui vient certainement de la pensée religieuse et de la transcendance), mais que la nature humaine est l'ensemble des rapports sociaux historiquement déterminés, c'est-à-dire un fait historique dont on peut s'assurer, à l'intérieur de certaines limites, avec les méthodes de la philologie et de la critique. C'est pourquoi la science politique doit être conçue dans son contenu concret (et également dans sa formulation logique) comme un organisme en développement» [1].

Ce principe évolutionniste posé, Gramsci se demande quelle est la place de la science politique dans une philosophie de la praxis (marxisme). Pour lui, elle se situe au niveau de la superstructure et très précisément «dans la phase immédiate de simple affirmation volontaire» [2]. Elle est science de l'action, du «devoir-être» concret, lui-même jugé comme «la seule interprétation de la réalité qui soit réaliste et conforme à l'histoire, la seule histoire en acte, la seule philosophie en acte, la seule politique» [3]. Ailleurs, Gramsci illustre ce volontarisme en affirmant que la réalisation d'un «bloc historique économique politique nouveau» dépend d'une initiative politique appropriée [4]. C'est avec raison que l'on a pu écrire que «l'historicisme apparaît ainsi en dernier ressort

[1] *Op. cit.*, «Notes sur Machiavel», p. 429.
[2] *Ibidem*, p. 436.
[3] *Ibidem*, p. 488.
[4] *Ibidem*, p. 482.

comme le décor idéologique qui sert chez Gramsci d'arrière-fond à une morale de la *praxis*» [1].

L'acteur privilégié de ce volontarisme est le parti: «Le prince moderne, le mythe-prince, ne peut être une personne réelle, un individu concret; il ne peut être qu'un organisme, un élément complexe d'une société, dans lequel a pu déjà commencer à se concrétiser une volonté collective reconnue dans l'action où elle s'est affirmée partialement. Cet organisme est déjà fourni par le développement historique, et c'est le parti politique: la première cellule où se résument des germes de volonté collective qui tendent vers l'universalité et la totalité» [2]. Pour faire le lien entre la théorie évolutionniste ou historiciste présentée comme scientifique et le volontarisme politique, l'idée de «bloc politique» est avancée: «En quel sens, écrit Gramsci, peut-on établir une identité entre la politique et l'histoire, et par conséquent entre l'ensemble de la vie et la politique?». Et il répond en proposant le concept de «bloc historique», c'est-à-dire l'«unité entre la nature et l'esprit (structure et superstructure)...» [3].

Le dernier mot est donné à l'histoire qui se développe en formant des ensembles cohérents successifs où le déterminisme économique est constamment corrigé par l'action créatrice et consciente des individus dont le rôle dans le processus de développement est décisif: «c'est essentiellement un processus qui a pour acteur des hommes et la volonté et la capacité des hommes...» [4]. Parmi ces hommes, les intellectuels occupent, selon

[1] G. Cottier, *op. cit.*, p. 217.
[2] *Gramsci dans le texte*, p. 421–422.
[3] *Ibidem*, p. 437.
[4] *Ibidem*, p. 503.

Gramsci, une place privilégiée, c'est par eux, en effet, que le groupe dominant et le gouvernement politique exercent leur hégémonie. L'idéologie des intellectuels en place (traditionnels) caractérise le «bloc historique» existant, tandis que celle des intellectuels dissidents (organiques) prépare le suivant. Alors que J. Rawls pense établir la scientificité de la science politique en déduisant, *more geometrico,* les conséquences rationnelles d'un principe d'équité formulé indépendamment de l'histoire et abstraction faite des finalités profondes de l'homme, Gramsci voit dans la science politique, un processus essentiellement historique et volontariste où la rationalité se ramène, en définitive, à la logique hégélienne. Dans les deux cas, on exclut la métaphysique et l'éthique classiques, ainsi que le savoir prudentiel qui est remplacé soit par une technique administrative (Rawls), soit par une technique politique (Gramsci). Le coût de ces réductions technocratiques ou idéologiques, c'est la disparition des personnes dans l'analyse politique au profit d'individus standardisés ou enrégimentés. Au nom de la science, on élimine la sagesse pratique, et la société politique n'est plus considérée comme une communauté humaine, mais prend les traits d'une société commerciale ou d'un parti discipliné selon les cas.

Les pages qui précèdent se ramènent à un examen critique d'œuvres contemporaines qui ont semblé représentatives des courants qui prédominent actuellement dans trois branches des sciences sociales. Le point de vue adopté se réfère à l'épistémologie classique d'inspiration aristotélicienne et thomiste, et la question abordée, celle de la scientificité des méthodes dans les sciences sociales, a été traitée à propos des rapports entre théorie et pratique. En un sens, la conclusion était donnée dès le départ, puisque les critiques ramenaient constamment le débat autour d'une solution considérée comme vraie. Il s'agissait d'inventorier les conséquences méthodologiques d'un certain nombre d'exclusions qui caractérisent les courants de pensée actuellement dominants dans les sciences sociales. Parmi ces exclusions, il faut citer la théologie, la métaphysique et la philosophie morale. Les conséquences de ces choix s'observent dans les épistémologies explicites ou implicites qui règlent la place des différents savoirs et leur portée. Lorsqu'on exclut la théologie, le risque est grand d'en inventer un substitut de type gnostique à moins que l'on renonce à se poser des questions ce qui est, à plus ou moins longue échéance, la négation de la science elle-même. Lorsqu'on exclut la métaphysique, il faut bien trouver une science générale qui puisse tenir lieu de philosophie première et les mathématiques s'offrent avec le prestige de l'exactitude, mais aussi le danger de tout ramener à des abstractions conventionnelles coupées de la réalité qu'on se proposait pourtant de connaître scientifiquement. Lorsqu'on exclut l'éthique, l'aspect pratique des savoirs perd sa régulation rationnelle et du coup un dualisme entre théorie et pratique paraît s'imposer pour échapper à l'irrationalité de la pratique. Ou alors, on retiendra comme norme scientifique de la pratique, le succès, lui-même mesuré en fonction d'options qui échappent à la rationalité, ou mieux, la rationalité sera définie en fonction de projets précis, procédé caractérisant plutôt l'idéologie que la science. Ce sont les conséquences de l'exclusion de l'éthique sur les rapports entre théorie et pratique qui nous ont surtout retenu dans cet ouvrage parce que l'enjeu de cette question épistémologique n'est rien de moins que la vie quotidienne et politique, les droits fondamentaux et les conditions matérielles de vie. En effet, une option politique conçue à la manière d'une vérité scientifique exclut le pluralisme, sauvegardé en revanche par la conception prudentielle de la politique. Cette dernière consiste à choisir des moyens en vue de fins sous le contrôle d'une éthique et non pas à découvrir le *seul* moyen scientifique (technocratie) ni à justifier les moyens par la fin (totalitarisme).

Chapitre III

Sociologie politique: structures et classes sociales

Rappel du principe chez Aristote et Marx

Aristote part de l'observation des faits et considère l'homme comme un être à la fois individuel et social qui a besoin de ses semblables non seulement pour survivre matériellement, mais aussi pour développer ses potentialités intellectuelles et spirituelles. A ses yeux, le bien commun d'un groupe social (famille, village, cité) l'emporte sur celui de ses membres pris séparément, tout en affirmant que l'idéal le plus élevé, la vie théorétique ou contemplative de la vérité, se situe au niveau de l'homme individuel. Il y a là en germe la distinction entre l'individu, partie du tout et subordonné au tout, et la personne, univers spirituel *sui generis,* dépassant le cadre de la cité politique tout en plongeant ses racines dans cette dernière.

Etre dépendant, l'homme, selon Aristote, vise au bonheur qu'il ne peut acquérir que par le développement harmonieux de sa nature à la fois dans sa dimension individuelle et dans sa dimension sociale. Etre de besoin, il n'est pas aliéné par ses dépendances, qui sont naturelles, mais dans la mesure exacte où son développement ne s'effectuera pas selon la raison. Toutefois, tributaire de son temps, Aristote ne parvint pas à une conception vraiment universelle de la nature humaine et il introduisit des distinctions foncières entre hommes libres et esclaves comme entre Grecs et barbares. Ses analyses des faits sociaux s'opèrent sous deux perspectives différentes, à savoir normative et empirique. Depuis les travaux de Werner Jaeger, et notamment son ouvrage fondamental sur Aristote paru en 1923 [1], nous disposons d'une clé pour situer ces deux approches normative et empirique dans l'évolution de la pensée d'Aristote. Approximativement et compte tenu des rectifications apportées par d'autres auteurs [2] qui ont adopté la méthode génétique de Werner Jaeger, on peut lier, au moins pour une bonne part, la perspective normative chez Aristote à l'influence profonde de Platon dont il se détacha progressivement en s'orientant vers des méthodes plus empiriques et davantage conformes à son génie observateur.

Un parallèle s'impose entre les rapports d'Aristote et de Platon d'une part et ceux de Marx à l'égard de Hegel d'autre part; mais tandis que Marx retourna l'idéalisme naturaliste de Hegel en matérialisme dialectique, la critique aristotélicienne de l'idéalisme platonicien laissa intacte la dimension spiritualiste de Platon que l'empi-

[1] Werner Jaeger, *Aristoteles, Grundlegung einer Geschichte seiner Entwicklung,* Berlin 1923; Trad. anglaise complétée, par Richard Robinson: *Aristotle, Fundamentals of the History of his Development,* Oxford 1934,[2] 1962.

[2] François Nuyens, *L'Evolution de la Psychologie d'Aristote* (1938), Trad. du néerlandais préface d'A. Mansion, Louvain et Paris 1948; voir aussi René-Antoine Gauthier, O. P., *La Morale d'Aristote,* Paris, 1958, 1958, et Raymond Weil, *Aristote et l'histoire, Essai sur 'la Politique'*, Paris 1960.

risme d'Aristote dans sa maturité ne semble pas exclure, sans offrir pour autant une synthèse bien nette de ces deux aspects [1]. Dans *la Politique*, qui est avec *l'Ethique à Nicomaque et les Economiques* – pour autant que ce dernier texte soit authentique – la source principale de la sociologie d'Aristote, nous avons une série d'études rédigées à des époques différentes et dont les plus normatives paraissent bien être aussi les plus anciennes (Liv. II, III, VII, VIII), tandis que les plus empiriques seraient de date plus récente (IV, V, VI). Le livre premier, qui, selon Jaeger, aurait été rédigé en dernier lieu, offre une synthèse dont le caractère «sociologique», c'est-à-dire l'analyse du phénomène social en tant que tel, est frappant. Aristote ne perd jamais de vue, lorsqu'il traite des activités humaines, les finalités qui leur donnent une signification et le social n'échappe pas à la règle: «Toute communauté, lit-on au début de *la Politique,* est constituée en vue d'un certain bien, car c'est en vue d'obtenir ce qui leur apparaît comme un bien que tous les hommes accomplissent toujours leurs actes [2].» Toutefois, au lieu d'organiser exclusivement sa recherche autour de la définition de ce bien et des meilleurs moyens d'y parvenir, à l'instar de Platon dans *la République* et même dans *les Lois,* Aristote s'intéresse également aux éléments

[1] Cf. F. Nuyens, *op. cit.,* p. 358, qui montre qu'en psychologie, Aristote «n'a pas vu la possibilité pour l'âme d'être à la fois cause formelle du corps et principe subsistant et immatériel de la pensée», et l'auteur ajoute que cette possibilité «ne peut être perçue qu'à la lumière de l'idée de création». Nous verrons que des difficultés analogues se posent au plan de la Cité dans ses rapports avec l'individu ou plutôt la personne.

[2] Aristote, *La Politique,* I, 1, Nouvelle traduction avec introduction, notes et index par J. Tricot, Paris, Vrin 1962, p. 21.

constitutifs de la réalité sociale en eux-mêmes, quitte ensuite à établir leur dépendance intrinsèque avec les fins. Ce regard empirique du philosophe s'est exercé longuement dans ses enquêtes en sciences naturelles au cours desquelles se sont formées ses conceptions sur l'âme humaine, d'abord considérée comme séparée du corps, puis comme utilisatrice du corps à la manière d'un instrument, enfin comme forme indissociable du corps (hylémorphisme) [1].

La vie d'une communauté d'après Aristote, se traduit en effet par un certain ordonnancement des parties: «La constitution étant en quelque manière la vie de l'Etat [2]», avec «autant de constitutions qu'il y a de façons de régler l'ordre des magistratures selon les supériorités et les différences des parties de l'Etat [3]». Une de ses comparaisons est directement empruntée à la biologie: «De même, en effet, qu'un corps vivant est composé de parties [4]...» Ces quelques exemples n'avaient d'autre but que d'illustrer le caractère empirique et presque biologique de certaines analyses du phénomène social par Aristote, mais il faut aussitôt ajouter que l'aspect normatif, dans son sens éthique, ne cesse de jouer un rôle décisif même s'il est parfois éclipsé par un certain pragmatisme lorsqu'il s'agit d'examiner comment conserver une constitution existante, fût-elle tyrannique [5]. Chez Marx, nous pouvons le noter dès maintenant, ce ne sera pas la biologie qui fournira ses modèles concrets à l'analyse socio-

[1] Cf. F. Nuyens, *op. cit.*
[2] *Pol.* IV, 11, p. 301.
[3] *Pol.* IV, 3, p. 266.
[4] *Pol.* V, 3, p. 347.
[5] Cf. *Pol.* V, 10–11, p. 391–417.

logique, mais l'économie, et l'idéalisme naturaliste hégélien sera contredit au nom d'un matérialisme se fondant sur la vie économique.

Aristote, en définitive, ne sépare pas la sociologie d'une philosophie morale dont relève intrinsèquement le social humain, mais il la distingue de plus en plus nettement de ce qui constitue le mode d'être du social. La sociologie qui en résulte est assez complexe à saisir dans ses détails, mais suffisamment nette dans ses grandes orientations: l'homme, être social, être dépendant, trouve dans ses relations à l'intérieur de communautés naturelles (famille, village, cité) les compléments qui vont rendre possible un développement de ses potentialités avec pour norme régulatrice la raison qui doit normalement conduire au bonheur, du moins à un certain bonheur humain.

Avant d'aborder la sociologie politique de Marx, il est indispensable de revenir un peu plus longuement sur la philosophie hégélienne et notamment sur la logique qui est à la base de la dialectique marxiste: «Hegel, écrivit Marx en 1873, défigure la dialectique par le mysticisme, ce n'en est pas moins lui qui en a le premier exposé le mouvement d'ensemble. Chez lui, elle marche sur la tête; il suffit de la mettre sur les pieds pour lui trouver une physionomie tout à fait raisonnable [1].» La simple confrontation des positions d'Aristote et de Hegel à propos du principe d'identité, qui se situe au centre de toute la connaissance intellectuelle, sera plus instructive que

[1] Karl MARX, *Le Capital,* Postface de la seconde édition allemande, dans *Œuvres,* «Bibliothèque de la Pléiade», Paris 1963, I, p. 558 (édition à laquelle nous renvoyons sous le sigle: *Œuvres*).

de longs développements. Dans sa *Métaphysique,* Aristote formule ainsi le principe qu'il considère comme «le plus certain de tous»: «Il est impossible que le même attribut appartienne et n'appartienne pas en même temps, au même sujet, et sous le même rapport [1].» Il s'agit pour lui du premier principe indémontrable de l'intelligence sans lequel aucun raisonnement n'est possible: A ne peut être en même temps A et non-A. C'est pourtant ce que Hegel va soutenir et même en faire le fondement de sa logique. Examinant le principe d'identité «qu'on cite souvent comme la première loi de la pensée», l'auteur de *Wissenschaft der Logik* commence par écarter ce principe sous sa forme positive: A = A, comme une tautologie. C'est pour lui une «identité vide» à laquelle restent pourtant attachés «ceux qui la regardent comme vérité en tant que telle», et les disciples d'Aristote sont précisément de ce nombre. Passant à l'autre forme du principe d'identité ou principe de contradiction: A ne peut être en même temps A et non-A, Hegel commente de la manière suivante: «Dans cette proposition, l'identité est donc exprimée en tant que négation de la négation. A et non-A sont distincts, ces distincts sont rapportés au seul et même A. L'identité est donc représentée ici comme cette *distinction dans un rapport ou comme la différence* simple dans les termes eux-mêmes [2].» La formu-

[1] ARISTOTE, *La Métaphysique,* Gamma, 3, 1005 b 17–19, Nouvelle édition entièrement refondue, avec commentaire, par J. TRICOT, Paris Vrin, 1970, p. 195.

[2] G. W. F. HEGEL, *Science de la logique, La Logique objective,* II, 1re sect., ch. II, A, Note II, Traduction de S. Jankélévitch, Paris, 1947–1949, tome II, p. 33 ss. [Nous préférons suivre la traduction de N. Gutermann et H. Lefebvre, dans HEGEL, *Morceaux choisis,* 1936, p. 123.] cf. *supra* ch. I.

lation encore un peu obscure de ce formidable renversement de perspective apparaît un peu plus loin dans toute sa dimension: «C'est pourtant un préjugé fondamental de la logique traditionnelle et de la pensée ordinaire que la contradiction ne serait pas une détermination aussi essentielle et aussi immanente que l'identité; mais, à la vérité, s'il était question de hiérarchie, et si les deux déterminations devaient être maintenues séparément, il faudrait considérer la contradiction comme la plus profonde et plus essentielle. Vis-à-vis d'elle, l'identité n'est que la détermination du simple immédiat, de l'être mort, tandis que la contradiction est la racine de tout mouvement et de toute vie; c'est seulement en tant qu'une chose a une contradiction en elle-même qu'elle se meut, qu'elle a une impulsion et une activité [1].»

C'est sur cette dialectique hégélienne de la contradiction et de la négation créatrice que se fonde la sociologie marxiste en opposition radicale ici avec Aristote. Le retournement de l'idéalisme hégélien dont parle Marx n'a à cet égard aucune influence puisque, dans les deux cas, le principe d'identité est ruiné par celui de la contradiction créatrice [2].

[1] *Ibidem*, ch. II, C, note III, p. 67 [p. 123].

[2] Aristote, *De la génération et de la corruption*, Traduction J. Tricot, Paris, [2] 1951, p. 25, affirme bien que l'être en puissance, «lequel est non-être en entéléchie» – ou en acte –, «préexiste nécessairement, et on l'appelle à la fois être et non-être»; mais il s'agit ici d'être et de non-être *relatifs* dans le monde physique du changement, qui lui est fondé ontologiquement sur de l'être absolu. L'opposition est celle de *contraires*, non pas de *contradictoires*, comme avec l'être et le non-être *absolus* du devenir hégélien. Hegel, en ignorant la notion aristotélicienne d'être en puissance, confond finalement contraire et contradictoire. Cf. Georges M.-M. Cottier, «La doctrine thomiste des oppositions en rapport avec la dialectique hégélienne», dans *Rev. de théol. et de phil.*, 1973, n° V, p. 354–382,

Aussi dépendant qu'il soit de Hegel pour la logique, l'auteur des *Manuscrits de 1844* et des *Grundrisse* (1857–1858) n'en a pas moins élaboré une sociologie originale dont on esquissera les traits essentiels par comparaison avec celle d'Aristote. Ce parallélisme s'impose d'autant plus que Marx n'hésite pas à se référer à Aristote, non pas comme un auteur littéraire dont on orne par érudition un texte, mais bien comme un maître; et ceci de plus en plus, semble-t-il, à mesure que Marx s'engage dans des études économiques dont Aristote est le pionnier [1]. L'être humain, individuel et social, naturellement dépendant et à la recherche du bonheur dans le cadre de communautés typiques comme la famille, le village et surtout la Cité, que considère Aristote, se retrouve pour une part dans la sociologie marxiste qui voit dans l'individu un être essentiellement social: «La manifestation de sa vie [est]... une manifestation de la vie sociale [2]», qui dépend des autres: «La dépendance universelle et réciproque des individus indifférents les uns aux autres constitue leur lien social [3]», et dont le bonheur est exprimé par le critère de la phase supérieure de la société communiste: «De chacun selon ses capacités, à chacun selon ses besoins [4]». Toutefois, à la différence d'Aris-

et Heinz-R. Schmitz, «Progrès social et changement révolutionnaire, Dialectique et révolution», dans *RT LXXIV,* 1974, p. 391–451.

[1] Voir K. Marx, *Critique de l'économie politique* (1859), dans *Œuvres,* I, p. 277, 295, 321, 374, 397, 417 ; *Le Capital,* Livre I (1867), *ibidem.,* p. 589, 590, 621, 698, 712.

[2] K. Marx, *Manuscrits de 1844,* Paris, Ed. sociales, 1962, p. 90 [cf. *Œuvres* II, p. 82].

[3] Idem., *Principes d'une critique de l'économie politique,* dans *Œuvres,* II, p. 209.

[4] Cf. id., *Critique du programme du parti ouvrier allemand* (1875). dans *Œuvres,* I, p. 1413 ss.

tote, plutôt qu'une subordination de l'individu à la collectivité, laissant plus ou moins ouverte la possibilité d'une vie *personnelle,* on trouve chez Marx une conception inspirée de Feuerbach: «l'être générique *(Gattungswesen)* [1]», qui se substitue, dans une certaine mesure, à l'Esprit du monde hégélien *(Weltgeist)* et a au moins en commun avec lui d'être immortel et de s'engendrer lui-même dans l'histoire universelle, la mort n'étant plus qu'une «dure victoire du genre sur l'individu *déterminé* [2]».

L'homme, issu de la horde primitive – et non de la cellule familiale originelle, comme chez Aristote – passe par la communauté agricole et les différentes formes d'aliénations sociales provoquées par la propriété privée, notamment dans son expression suprême: le capitalisme, pour devenir finalement l'homme socialiste. Avec cet «homme socialiste, tout ce qu'on appelle l'histoire universelle n'est rien d'autre que l'engendrement de l'homme par le travail humain, rien d'autre que le devenir de la nature pour l'homme; il a donc la preuve irréfutable de son engendrement par lui-même, du processus de sa naissance [3]».

Les conséquences de cette position auto-créatrice vont loin et donnent à la dimension sociale, ou mieux sociologique, un contenu causal dont Aristote réserve l'étude à la métaphysique. Chez Marx, c'est la logique qui tient

[1] Après la parution du livre de Max STIRNER, *L'Unique et sa propriété* (1845), qui critiquait le nouvel «être suprême» de Feuerbach, Marx évitera cette expression et parlera de l'homme «entendement social» (*Principes..., Œuvres,* II, p. 309) ou «homme socialisé» (*Le Capital,* Livre III, *Œuvres,* II, p. 1487). Mais l'idée demeurera; cf. Paul-Dominique DOGNIN, *Initiation à Karl Marx,* Paris 1970, p. 62.

[2] K. MARX, *Manuscrits,* p. 90 [cf. *Œuvres,* II, p. 82].

[3] *Ibidem,* p. 99 [p. 89].

lieu de métaphysique et une logique hégélienne retournée, c'est-à-dire non plus réductrice du réel, mais comme injectée dans le réel ramené lui-même à la matière (matérialisme dialectique). Dans ce processus, l'individu n'a d'importance qu'en fonction du tout sociologique qui est la réalité suprême. Aristote considère aussi que le tout social et notamment la Cité est «plus divin» que l'individu, mais le spiritualisme qu'il a en commun avec Platon le conduit à affirmer que l'activité la plus parfaite, celle qui donne la vie la plus heureuse, implique un aspect contemplatif ou théorétique[1] de caractère personnel. *L'Ethique à Nicomaque* est bien présentée comme un traité politique, elle n'en étudie pas moins les conditions du bonheur personnel, et la sociologie de *la Politique* renvoie fondamentalement à cette perspective.

La sociologie marxiste est avare en descriptions futuristes et, dans un des rares passages où Marx fournit quelques indications sur la situation de l'homme à l'âge post-capitaliste qui offrira des loisirs, l'épanouissement de l'homme est décrit comme «exercice, science expérimentale, science *matériellement* créatrice et réalisatrice [2]». Aristote aurait répondu que l'homme ne trouverait dans cette vie active qu'un «bonheur second» appelant en outre un autre type d'activité proprement spirituelle, seule capable de donner à l'homme, animal raisonnable, un véritable bonheur humain.

[1] Cf. ARISTOTE, *Ethique à Nicomaque*, X, 7, Trad. J. Tricot, Paris 1959, p. 508 ss.

[2] K. MARX, *Principes...*, *Œuvres*, II, p. 311.

Aristote et les structures politiques et sociales

Aristote n'a pas été seulement un philosophe de la politique attaché à découvrir les normes morales de l'action politique et à dégager les conditions du meilleur régime politique capable de permettre à cet animal politique qu'est l'homme d'atteindre sa fin, il a été aussi un sociologue de la société politique. Cette sociologie dont on trouve des éléments dispersés dans tous les livres de *la Politique* et particulièrement les plus récents (I, IV, V, VI), revêt un caractère empirique plus marqué et les critères sont moins normatifs que formels. Aristote s'intéresse alors aux structures politiques et sociales. Avant d'exposer cette sociologie aristotélicienne de la politique, il est très éclairant de rappeler les étapes par lesquelles il est passé pour en arriver à ce point de vue formel du phénomène politique. Dans une série d'ouvrages qui comprend des œuvres de jeunesse (*Protreptique,* par exemple), des travaux plus élaborés *(Ethique à Eudème),* les livres, III, VII, VIII de *la Politique* et enfin son chef-d'œuvre de morale individuelle qu'est l'*Ethique à Nicomaque,* Aristote étudia d'abord les principes du bonheur humain. Cette tâche essentielle étant, sinon achevée, du moins génialement renouvelée et approfondie, ses préoccupations portèrent sur les conditions politiques et sociales de ce bonheur, ce qui impliquait une connaissance systématique de la nature des institutions elles-mêmes.

En d'autres termes, la cause finale, qui avait été au centre de la recherche d'Aristote, fut complétée par une perspective formelle, indissociable de la première, mais distincte et donnant lieu à des analyses plus empiriques et à des typologies explicatives de la réalité sociale, portant sur le cadre social du bonheur et non sur ses principes. La sociologie d'Aristote, si cette interprétation est exacte, vient chronologiquement après sa philosophie politique et la complète en lui donnant une assise beaucoup plus réaliste que celle de son ancien maître Platon qui, faute d'une telle sociologie, avait dû recourir à des mythes dont Aristote ne se contenta pas. Il préféra une approche empirique qui lui avait si bien réussi en biologie, et recueillit le plus d'informations possibles sur les constitutions politiques de son temps. Selon Diogène Laërce, la moisson ne comptait pas moins de cent cinquante-huit documents et le seul que nous possédions, *la Constitution d'Athènes* (découverte en 1891), constitue un véritable ouvrage d'une centaine de pages. Une sociologie politique donc, mais au service d'une philosophie politique qui sans la première manquerait d'information: «On ne doit pas perdre de vue les diverses variétés de chaque constitution, leur nombre, et de combien de façons ces variétés sont composées. A l'aide de cette même connaissance approfondie, on pourra discerner aussi les lois qui sont les meilleures et celles qui s'adaptent à chaque forme de constitution: car les lois doivent toujours se régler, et se règlent en fait, sur les constitutions, et non les constitutions sur les lois [1].»

Sociologie ne signifie pas une simple accumulation d'expériences, ni même leur classement, bien que ces deux opérations soient indispensables. En rester là serait plutôt de la sociographie, il faut aller plus loin dans l'éla-

[1] ARISTOTE, *La Politique,* IV, 1, p. 261.

boration, rechercher les causes de la variété des constitutions et tenter d'établir des typologies fondées sur le réel plutôt que des types idéaux à la manière platonicienne: «La raison pour laquelle il existe plusieurs sortes de constitutions est que toute cité renferme une pluralité d'éléments. En premier lieu, nous voyons que tous les Etats sont composés de familles, ensuite que dans cette multitude de citoyens, à son tour, il y a nécessairement les riches et les pauvres ainsi que les gens de condition moyenne, et qu'en outre les riches et les pauvres forment des classes dont la première est armée et la seconde sans armes. Nous voyons encore une partie du peuple proprement dit adonnée aux travaux agricoles, une autre au commerce, une autre enfin aux métiers manuels [1].» Ces données sont communes à toutes cités et des régimes différents s'instaurent à partir d'elles. On peut en rechercher les expressions typiques, non pas en fabriquant des «modèles» utopiques sans base réelle, mais plutôt en essayant de traduire *la réalité* dans des typologies, abstraites naturellement, parce qu'il n'y a de science que de l'universel, mais un universel qui existe à *l'état* singulier en dehors de l'esprit. La démocratie athénienne, par exemple, n'est pas l'ensemble des Athéniens que l'esprit regroupe sous un nom générique, mais une réalité objective à partir de laquelle l'esprit tire sa notion de démocratie. Il *n'existe* pas non plus de démocratie *en soi,* mais seulement à Athènes ou à Rhodes. La sociologie d'Aristote se situe donc entre un *nominalisme,* selon lequel les types de sociétés ne sont que des *noms* sans contrepartie dans la réalité objective, qui n'offrirait que des individus,

[1] *Ibidem,* IV, p. 265.

et un *substantialisme* qui voit des entités collectives, telles que la démocratie, exister comme des *choses* en soi et imposer un ordre politique à des individus. Pour illustrer cette position médiane de la sociologie aristotélicienne dans le contexte moderne, avec ce que cela peut comporter de schématisation, disons que le Stagirite se place entre Max Weber et E. Durkheim [1]. En revanche,

[1] Dans une étude sur «l'objectivité de la connaissance dans les sciences et la politique sociales» (1904), reprise dans *Essai sur la théorie de la science,* traduits par Julien Freund, Paris, Plon, 1965, p. 117–213, Max Weber écrit: «Celui qui par la pensée pousse jusqu'au bout l'idée fondamentale de la théorie moderne de la connaissance depuis Kant, selon laquelle les concepts sont et ne sauraient être que des moyens intellectuels en vue d'aider l'esprit à se rendre maître du donné empirique, ne pourra certainement pas voir dans le fait que les concepts génériques rigoureux sont des idéaltypes une raison de s'opposer à ce que l'on en construise» (p. 205). Et encore: «La connaissance des lois sociales n'est pas une connaissance de la réalité sociale, mais seulement un des multiples moyens que la pensée utilise à cet effet» (p. 166). La réalité sociale, selon M. Weber, reste donc inconnue et *l'esprit construit* des typologies pour y remédier (idéalement).

Emile Durkheim, *Les Règles de la méthode sociologique,* Paris, [8] 1927, pensait à l'inverse que «les phénomènes sociaux sont des choses et doivent être traités comme des choses» (p. 35). «Il nous faut donc considérer les phénomènes sociaux en eux-mêmes, détachés des sujets conscients qui se les représentent; il faut les étudier du dehors comme des choses extérieures; car c'est en cette qualité qu'ils se présentent à nous [...] Cette règle s'applique donc à la réalité sociale tout entière, sans qu'il y ait lieu de faire aucune exception» (p. 36). Durkheim formule ensuite un principe très significatif: *«Quand, donc le sociologue entreprend d'explorer un ordre quelconque de faits sociaux, il doit s'efforcer de les considérer par un côté où ils se présentent* isolés *de leurs manifestations individuelles»* (p. 57). Tout le passage est souligné dans l'original, mais on remarque la tendance de l'auteur à substantifier les faits sociaux qui deviennent à la limite des *choses isolées,* alors que M. Weber *construit* ses types idéaux en leur refusant une réalité objective.

La solution d'Aristote, dont l'application est générale, peut être résumée ainsi: «Toute science a pour objet l'universel» (*Mét.,* M, 10, p. 793),

Marx adopte une position réaliste, qu'il s'agisse des sociétés typiques retenues par le matérialisme historique (primitive, féodale, capitaliste, communiste) ou des classes sociales, apparemment très proche de celle d'Aristote; toutefois, on le verra, ce réalisme est comme rongé de l'intérieur par une dialectique qui finit par ruiner toute réalité objective dans des processus logiques empruntés à Hegel. Aristote avait d'ailleurs réfuté d'avance ce dernier en critiquant longuement et radicalement Héraclite et sa métaphysique du devenir.

Voici maintenant un exemple de la typologie réaliste d'Aristote:

On voit clairement... qu'il doit exister nécessairement plusieurs types de société politique différant spécifiquement les uns des autres, puisque les parties dont nos sociétés sont composées diffèrent aussi spécifiquement entre elles. Une constitution est, en effet, l'ordre des magistratures, lesquelles sont distribuées entre tous les citoyens, soit d'après la puissance politique de ceux qui ont participation

toutefois «aucun des universaux n'existe en dehors des individus et à l'état séparé» (*Mét.* Z, 16, p. 445). Il faudra donc que l'esprit puisse abstraire des singuliers, atteints par la sensation, ces universaux intelligibles et les connaître, non pas en les reconstruisant (Kant-Weber), ni en les chosifiant (Durkheim, qui est ici l'héritier du mécanisme cartésien et de sa postérité matérialiste française du XVIIIe s.), mais en ne faisant qu'un avec eux: «L'intellect est lui-même intelligible comme le sont les intelligibles» et «en ce qui concerne les réalités immatérielles, il y a identité du pensant et du pensé» (*De l'âme,* III, 4, p. 180). Le réalisme d'Aristote se distingue ainsi du nominalisme d'un Weber et du matérialisme de Durkheim qui, l'un et l'autre, ignorent la notion de substance, fondamentale chez le philosophe grec, et avec cette dernière les modes d'être accidentels (exigeant une substance pour exister) comme la *relation.* Or le mode d'être relationnel est la solution aristotélicienne du fait social, qui est une réalité objective (contre les nominalistes) sans pour autant devenir une substance (chose dans la perspective matérialiste).

au pouvoir, soit d'après une certaine égalité commune à tous: j'entends, par exemple, dans le premier cas, la puissance des pauvres ou celle des riches, et dans le second, quelque puissance commune aux uns et aux autres. Il s'ensuit nécessairement qu'il y a autant de constitutions qu'il y a de façons de régler l'ordre des magistratures selon les supériorités et les différences des parties de l'Etat [1].

Il part de sociétés concrètes (*nos* sociétés), constituant des ensembles organisés (ordre de magistratures), et il en tire des types spécifiques qui n'existent pas en soi, mais dans tel ou tel Etat (Aristote, on le sait, a collectionné cent cinquante-huit constitutions) et c'est seulement dans l'esprit que ces types revêtent un caractère universel, condition de toute science.

Simplifiant sa typologie pour ne retenir que deux formes essentielles: la démocratie et l'oligarchie, Aristote esquisse une sociologie des structures sociales qui n'est pas sans analogie avec celle de Marx opposant les bourgeois et les prolétaires comme classes *par excellence* de la société industrielle qu'il avait sous les yeux:

Il y a démocratie quand les hommes de naissance libre et pauvres, étant en majorité, sont à la tête des affaires publiques, et oligarchie quand les gens riches et d'une naissance au-dessus du commun, étant en petit nombre, gouvernent [2].

... *Ces dernières classes, je veux dire les riches et les pauvres, passent pour être par excellence parties d'un Etat. De plus, comme il arrive la plupart du temps que les riches sont en petit nombre et les pauvres en grand nombre, ces deux parties de l'Etat*

[1] Aristote, *La Politique,* IV, 3, p. 266.
[2] *Ibidem,* IV, 4, p. 270.

sont parmi toutes les autres dans un antagonisme déclaré. La conséquence encore, c'est que la prédominance de l'une ou de l'autre de ces deux classes sert à déterminer la nature des constitutions, et que, pour l'opinion commune, il n'existe que deux formes de gouvernement, démocratie et oligarchie [1].

Sans ramener, on le verra, la vie politique à une résultante, en dernière instance, des facteurs économiques, Aristote accorde à ceux-ci une place décisive dans la genèse d'une société: «La communauté formée de plusieurs villages est la cité, au plein sens du mot; elle atteint dès lors, pour ainsi parler, la limite de l'indépendance économique: ainsi, formée au début pour satisfaire les seuls besoins vitaux, elle existe pour permettre de bien vivre [2]»; et aussitôt, il apporte une précision essentielle: la cité est un *fait de nature,* ce qui écarte aussi bien les théories explicatives volontaristes que déterministes de la société:

Toute cité est un fait de nature, s'il est vrai que les premières communautés [familles, villages] le sont elles-mêmes. Car la cité est la fin de celles-ci, et la nature d'une chose est sa fin, puisque ce qu'est chaque chose une fois qu'elle a atteint son complet développement, nous disons que c'est là la nature de la chose, aussi bien pour un homme, un cheval ou une famille... Ces considérations montrent donc que la cité est au nombre des réalités qui existent naturellement, et que l'homme est par nature un animal politique [3].

Ce passage capital permet de situer la sociologie aristotélicienne de l'Etat, par rapport aux théories du con-

[1] *Ibidem*, p. 275.
[2] *Ibidem,* I, 2, p. 27.
[3] *Ibid.,* p. 27-28.

trat social et aux thèses du matérialisme historique. Elle se caractérise, en effet, par l'affirmation que les sociétés constituent des *natures,* avec ce que ceci implique de permanence, de réalité objective, et propose une définition politique, c'est-à-dire rationnelle, et pas simplement instinctive, de la sociabilité humaine.

Pour revenir à l'analyse des structures politiques et sociales, notons qu'Aristote se souvient de ses observations en biologie et compare les différentes sortes de constitutions aux espèces animales dont chacune est définie par la similitude des parties constituantes de ses membres. Toutefois, au lieu de procéder par induction, il esquisse occasionnellement une typologie déductive des formes politiques possibles non seulement au niveau des constitutions, mais à l'intérieur même de chaque constitution. C'est ainsi qu'il énumère les différentes classes de toute société et en retient huit [1], correspondant approximativement à une division des tâches économiques et politiques, mais avec une prééminence en faveur de ces dernières dont le rôle est comparé à celui de l'âme pour le corps. Ce fonctionnalisme n'exclut nullement la mobilité des membres, exception faite de certaines fonctions exigeant des qualifications rares dont le bien commun sera particulièrement tributaire (gouvernants, magistrats); pour le reste, nul citoyen, en théorie, n'est lié à telle ou telle fonction et donc non plus à telle ou telle classe. Pratiquement, toutefois, la mobilité des classes sera liée à un facteur bien précis d'ordre économique, savoir la richesse. C'est cette constatation qui l'amène

[1] Laboureurs, artisans, commerçants, ouvriers, soldats, juges, propriétaires (riches), magistrats (cf. *Polit.,* IV, 4, p. 273–274).

à convenir que les deux classes par excellence sont celles des riches et des pauvres. Seulement, cette dichotomie se révélant mortelle pour une société, il fait remarquer que des palliatifs sont constamment apportés et que l'on peut même observer une tendance générale à l'instauration d'un type de démocratie de plus en plus égalitaire avec une participation massive du peuple à la vie politique. Cette démocratie avancée «est née chronologiquement la dernière», note Aristote, «car, du fait que les Etats ont pris une grande extension par rapport à ce qu'ils étaient à l'origine et qu'ils jouissent actuellement de revenus abondants, tous les citoyens participent à la conduite des affaires en raison de la supériorité numérique de la multitude, et tous y prennent une part effective et exercent leur activité de citoyens par la possibilité de se ménager des loisirs, même les pauvres, qui reçoivent un salaire à cet effet [1]». Encore ne s'agissait-il, dans la Grèce d'alors, que d'une minorité de citoyens servis par une multitude d'esclaves indispensables à la vie de la Cité, car on ne pouvait imaginer que les navettes puissent tisser d'elles-mêmes [2]. Cette démocratie avancée que la croissance démographique et économique des Etats semblait réclamer, n'était probablement pas, selon la philosophie politique d'Aristote, le régime idéal qui serait plutôt caractérisé par la prédominance de la classe moyenne ni trop pauvre, ni trop riche. Par ailleurs, cette classe médiane composée «d'individus égaux et semblables [3]» rendrait possible l'amitié qui exige une certaine égalité.

[1] *Ibidem,* IV, 6, p. 285.
[2] Cf. *ibidem,* I, 4, p. 35.
[3] *Ibidem,* IV, 11, p. 303.

Amitié, justice (égalité), telles sont, suivant Aristote, les conditions d'une vie politique vraiment humaine et capable de conduire chacun au bonheur, but final de toute activité humaine, avec, pour sommet, la vie théorétique.

Marx et les classes sociales

Les classes sociales sont au cœur de la sociologie marxiste et nous disposons à leur propos d'un très grand nombre de textes qui s'échelonnent sur près de quarante ans (1844–1882). Le premier est un article paru en février 1844 dans les *Annales franco-allemandes* sous le titre de: *Contribution à la critique de la philosophie du droit de Hegel, Introduction* [1]. C'est la première fois, semble-t-il, que Marx utilise le terme de classe, employé d'ailleurs concurremment avec plusieurs autres dont le sens est visiblement très proche dans l'esprit de l'auteur comme: «état» ou «ordre» *(Stände)*, sphère, couches (moyennes). Il est question de prolétariat et de «pauvres» [2]. La terminologie n'est pas encore fixée, mais elle le sera très vite, comme

[1] La *Critique du droit politique hégélien* (1843), publiée pour la première fois en 1927, ne contient pas le terme de classe qui apparaît en revanche dans cette «introduction» avec une signification très messianique: «Où réside donc la possibilité *positive* de l'émancipation allemande? *Réponse*: dans la formation d'une classe aux *chaînes radicales,* d'une classe de la société civile qui ne soit pas une classe de la société bourgeoise... qui soit en un mot la *perte totale* de l'homme et ne puisse donc se reconquérir elle-même sans une *reconquête totale de l'homme*»; en Annexe de *Critique du droit politique hégélien,* Paris, Editions sociales, 1975, p. 211 (souligné dans le texte).

[2] Le vocabulaire utilisé par Marx à partir de 1844 est déjà celui de Ricardo, Buret et Stein, qui font précisément partie de l'«océan de lectures» faites à cette époque.

d'ailleurs la théorie marxiste de la lutte des classes qui, selon le témoignage de Engels, date du début de l'année 1845 [1]. «L'océan sans fond de lectures nouvelles» (Ruge) dans lequel se plonge le jeune Marx au cours de l'année 1844, passée à Paris, où il vit depuis octobre 1843, lui a fourni un vocabulaire et les matériaux de sa théorie des classes que l'*Idéologie allemande*, écrite en collaboration avec Engels (1846) et publiée longtemps après (1932), expose dans ses grandes lignes avec toute la netteté voulue. Parmi les textes les plus célèbres qui reprennent la théorie ou lui apportent des compléments, figurent les dernières pages de *Misère de la philosophie* (1847); la première partie du *Manifeste* (1848); *les Luttes des classes en France* (1850), où il est question de la nécessaire *dictature* du prolétariat dont le *Manifeste* ne faisait pas explicitement mention; le *Dix-huit Brumaire de Louis-Bonaparte* (1852), traitant notamment des paysans qui ne constituent pas à proprement parler une classe dans la mesure où «la similitude de leurs intérêts ne crée entre eux aucune communauté»; la fameuse lettre de Marx à J. Weydemeyer (5 mars 1852) sur laquelle nous reviendrons; *la Guerre civile en France* (1871), document passionné rédigé par Marx au nom de la Première Internationale pour défendre la Commune de Paris; *la Critique du programme du Parti ouvrier allemand* (1875), publiée après la mort de Marx dans la *Neue Zeit* (1891), enfin les fameuses préfaces aux rééditions des œuvres indiquées ci-dessus et en particulier celles du *Manifeste* [2].

[1] Cf. la préface de Engels à l'édition allemande du *Manifeste* en 1890 (note).

[2] 1872 (allemand), 1882 (russe), en collaboration avec Engels.

L'année même de la mort de Marx, celui qui avait été associé pendant près de quarante ans à son œuvre, Engels, après avoir affirmé que «la pensée fondamentale et directrice du *Manifeste* appartient uniquement et exclusivement à Marx», résuma ainsi cette dernière:

La production économique et l'organisation sociale qui en découle nécessairement forment, à chaque époque historique, la base de l'histoire politique et intellectuelle du moment; par conséquent (depuis la dissolution de l'archaïque propriété commune du sol), toute l'histoire a été celle des luttes de classes, des luttes entre classes exploitées et exploiteuses, entre classes dominées et dominantes, aux différents stades du développement social; or cette lutte a atteint actuellement un degré où la classe exploitée et opprimée (le prolétariat) ne saurait se libérer de la classe qui l'exploite et l'opprime (la bourgeoisie) sans libérer en même temps et pour toujours la société entière de l'exploitation, de l'oppression et des luttes de classes [1].

Ce qui caractérise la sociologie marxiste des classes sociales par rapport à l'analyse aristotélicienne, ce n'est pas tellement la théorie historique, consistant à faire résulter l'organisation sociale et politique de la production économique, car après tout, Aristote accorde une importance considérable à l'influence économique sur les rapports sociaux et sur la nature des constitutions politiques concrètes, mais plutôt l'exclusivisme de la causalité économique et technique, en *dernière instance* (Engels), et surtout la perspective, qu'il faut bien appeler messianique, qui commande l'explication marxiste dès sa première formulation en 1844. La cause finale prend dès lors

[1] Friedrich ENGELS, Préface à la réédition allemande du *Manifeste* (1883), dans *Œuvres,* I, p. 1484.

une telle place qu'elle éclipse souvent la cause formelle qui est la plus typique dans la sociologie aristotélicienne. Le passage, souvent cité, de la lettre de Marx à Weydemeyer (1852), ne fait que confirmer cette expression: «Ce que j'ai apporté de nouveau, écrit Marx, c'est: 1° de démontrer que l'existence des classes n'est liée qu'à des *phases historiques déterminées du développement de la production;* 2° que la lutte des classes mène nécessairement à la dictature du prolétariat; 3° que cette dictature elle-même ne représente qu'une transition vers *l'abolition de toutes les classes* et vers une *société sans classes* [1].»

L'apport de Marx se situerait ainsi essentiellement au niveau des causes efficiente (développement de la production) et finale (société sans classes par la révolution), et non à celui des structures elles-mêmes (formelles) de ces classes, à la manière d'un Buret étudiant *la Misère des classes laborieuses en Angleterre et en France* (1840), d'un Engels analysant *la Situation de la classe ouvrière en Angleterre* [2] et surtout de Lorenz Stein se proposant de découvrir les lois réglant les rapports de classes dans la société industrielle *(industrielle Gesellschaft)* [3]. Il est certain que

[1] MARX-ENGELS, *Correspondance,* Moscou et Paris, Editions sociales, 1971, p. 62 (souligné dans le texte).

[2] F. ENGELS, *Die Lage der arbeitenden Klasse in England* (1845). L'ouvrage commence ainsi: «L'ordre dans lequel nous aurons à examiner les différentes catégories du prolétariat découle immédiatement de l'histoire de sa genèse...» (Paris, Editions sociales, 1960, p. 55). On croirait lire Aristote sociologue des classes sociales...

[3] L. STEIN, *Der Sozialismus und Kommunismus des heutigen Frankreichs* (1842), nouvelle éd. en 3 volumes: *Geschichte der sozialen Bewegung in Frankreich von 1789 bis auf unsere Tage (1849)*, rééd. en 1921 et 1959). Il s'agit là, incontestablement, de la première étude sociologique systématique de la société industrielle et du prolétariat moderne. Très connu en Allemagne, l'auteur est ignoré en France.

l'on trouve dans les différents livres du *Capital* de nombreux éléments qui pourraient être utilisés dans une sociologie marxiste des classes sociales, mais l'auteur n'a pas fourni sur ce thème un effort comparable à ce qu'il a fait pour les «formes économiques». Le *Questionnaire pour une enquête ouvrière* (1880) dont la paternité est attribuée à Marx [1], nous montre qu'il se préoccupait des moyens d'obtenir une «connaissance exacte et positive» de la classe ouvrière, mais en définitive ce qui l'intéressait, c'était moins l'interprétation (sociologique) de la société que sa transformation (cf. la thèse XI sur Feuerbach), d'où son intérêt exclusif pour le prolétariat:

> *De toutes les classes qui, à l'heure actuelle, s'opposent à la bourgeoisie, seul le prolétariat est une classe vraiment révolutionnaire. Les autres classes périclitent et disparaissent avec la grande industrie; le prolétariat, au contraire, en est le produit le plus authentique. Les classes moyennes, petits industriels, petits commerçants, artisans, paysans, tous combattent pour sauver leur existence de classes moyennes du déclin qui les menace. Elles ne sont donc pas révolutionnaires mais conservatrices; bien plus, elles sont réactionnaires: elles cherchent à faire tourner à l'envers la roue de l'histoire. Si elle sont révolutionnaires, c'est en considération de leur passage imminent au prolétariat* [2].

Ce passage du *Manifeste* montre que les classes moyennes dans lesquelles Aristote voyait le plus sûr garant de la république modérée et de la paix sociale sont, au contraire, abandonnées par Marx à leur triste sort historique.

[1] Le texte est paru dans la *Revue socialiste* (20 avril 1880) sans nom d'auteur, mais Marx en parle dans une lettre à Sorge, cf. *Œuvres*, I, p. 1527.

[2] K. MARX, F. ENGELS, *Manifeste du Parti communiste*, Paris, Ed. sociales 1972, p. 61.

Toutefois, avant d'opposer radicalement les perspectives aristotélicienne et marxiste dans ce domaine, il faut noter que, chez le Stagirite [1], l'analyse sociologique des structures et des classes sociales n'est pas une fin en soi et que les connaissances obtenues doivent servir à l'action politique. L'autonomie de la cause formelle, dans les sciences humaines, n'est pour Aristote que relative, et la politique reste la science «architectonique» à laquelle les autres sciences sont ordonnées, qu'il s'agisse de l'économie ou de la sociologie. En second lieu, si Marx parle beaucoup de la révolution, il n'en reste pas moins que le but final n'est pas le «chambardement général», mais l'instauration d'une société sans classes, d'une société où l'égalité – sinon l'égalitarisme – serait réalisée; or cet idéal d'égalité est aussi celui que prévoit Aristote dans la république des classes moyennes, certains rapprochements peuvent donc être tentés. Très vite, cependant, il faut constater que, chez Marx, la révolution est bien autre chose qu'un événement final aussi grandiose soit-il, elle est plutôt l'expression d'un mouvement dialectique dont la formulation politique date de mars 1850: «La révolution en permanence [2].» Si cette interprétation est exacte, la société sans classes annoncée comme but final de l'action révolutionnaire aurait quelque ressemblance avec ce mythe dont G. Sorel a fait la théorie en se référant précisément à Marx: «Il faut juger des mythes comme des moyens d'agir sur le présent; toute discussion sur la manière de les appliquer matériellement sur le cours de

[1] Surnom d'Aristote, qui était né à Stagire, aujourd'hui *Stavros,* (Macédoine) en 384 av. J.-C.

[2] K. MARX, *Adresse du Comité central à la Ligue* (mars 1850), dans *Les Cahiers Spartacus,* n° 36, sept. 1970, p. 47.

l'histoire est dépourvue de sens [1].» La discrétion de Marx sur la société future, qui commande pourtant toutes ses analyses des classes et des structures sociales, l'Etat et la famille en particulier, va aussi dans ce sens.

Marx fait preuve d'un extraordinaire réalisme dès que l'analyse est appelée à déboucher immédiatement sur une action, comme ce fut le cas en 1848 et à l'époque de la Première Internationale (1864–1872), mais son coup d'œil est plutôt celui d'un chef de guerre que d'un homme de science. Du savant et du politique qui existaient chez l'auteur du *Capital,* c'est le politique et même le prophète qui ne cessait de prédominer et avec lui une sorte d'impérialisme de la cause finale sur la cause formelle. Analysant, dans *le Dix-huit Brumaire,* le monde des paysans, Marx assure qu'ils ne forment pas une classe faute d'esprit révolutionnaire [2] et dans le *Manifeste,* il reconnaît que des membres (révolutionnaires) de la classe dominante, des bourgeois, peuvent s'agréger au prolétariat dont en revanche le *Lumpenproletariat* réactionnaire se trouve exclu. La politique, plus précisément la stratégie révolutionnaire, peut trouver son compte dans cette souplesse dialectique que Lénine poussera à une sorte de perfection, mais la sociologie s'obscurcit au point qu'il faut avoir recours à des mythes pour pallier ses insuffisances. K. Kautsky en arrivera à cette conclusion assez surpre-

[1] Georges Sorel, *Réflexions sur la violence,* Paris, 1906, p. 181; [3] 1912, p. 180.

[2] K. Marx fait observer que les familles paysannes s'opposent par leur genre de vie et leurs intérêts aux autres classes, sans pourtant constituer une «communauté». Cette communauté ne pourrait se former que dans la lutte en commun, à l'exemple des prolétaires urbains dont la «masse se réunit» et se «constitue en classe pour elle-même», face au capital (*Misère de la philosophie, dans Œuvres,* I, p. 134 s.).

nante que cette «conscience socialiste» qui seule donne à la classe ouvrière sa consistance de classe, contrairement aux paysans par exemple, elle la reçoit, pour sa part, de l'extérieur et très précisément d'intellectuels bourgeois sans lesquels le prolétariat s'embourgeoiserait:

> *Le porteur de la science n'est pas le prolétariat mais les* intellectuels bourgeois: *c'est en effet dans le cerveau de certains individus de cette catégorie qu'est né le socialisme contemporain, et c'est par eux qu'il a été communiqué aux prolétaires intellectuellement les plus évolués, qui l'introduisent ensuite dans la lutte des classes du prolétariat là où les conditions le permettent. Ainsi donc, la conscience socialiste est un élément importé du dehors* (von aussen hineingetragenes) *dans la lutte de classe du prolétariat, et non quelque chose qui en surgit spontanément* (urwüchsig) [1].

Lénine, qui cite ce texte dans *Que faire?* (1902), le commente en ces termes:

> *Le développement* spontané *du mouvement ouvrier aboutit justement à le subordonner à l'idéologie bourgeoise... car le mouvement ouvrier spontané, c'est le trade-unionisme, la* Nur-Gewerkschaftlerei; *or le trade-unionisme, c'est justement l'asservissement idéologique des ouvriers par la bourgeoisie. C'est pourquoi notre tâche, celle de la social-démocratie, est de* combattre la spontanéité, de détourner *le mouvement ouvrier de cette tendance spontanée qu'a le trade-unionisme à se réfugier sous l'aile de la bourgeoisie et de l'attirer sous l'aile de la social-démocratie révolutionnaire* [2].

[1] Karl Kautsky, *Die Neue Zeit*, 1901–1902 XX, I, nº 3, p. 79; cité par V. Lénine, *Que faire?* (Stuttgart, 1902), *Œuvres de Lénine*, Paris-Moscou V, p. 390 s.

[2] V. Lénine, *Que faire?*, *ibidem.*, p. 391 s.

En d'autres termes, le prolétariat est spontanément bourgeois, mais par l'action d'intellectuels bourgeois, en rupture avec leur classe (*ein kleiner Teil der herrschenden Klasse,* selon le *Manifeste,* une petite minorité par conséquent), il peut devenir cette authentique classe ouvrière vouée à la révolution libératrice. Les ouvriers qui refuseront ce message seront soit des membres privilégiés de l'aristocratie ouvrière dénoncée par Engels [1], soit ils appartiendront au *Lumpenproletariat* réactionnaire (*Manifeste*). Au moment où Lénine rédigeait *Que Faire?* les trade-unionistes anglais comptaient plus de deux millions de membres et ce sont eux qui fournirent des députés au Parti Travailliste (*Labour*) à partir de 1906. Les ouvriers n'étaient guère nombreux, en revanche, au congrès social-démocrate russe qui se tint à Londres en 1903: quatre sur soixante délégués [2], mais seuls des révolutionnaires professionnels, instruits et décidés, pouvaient faire la Révolution d'octobre 1917. La sociologie de Marx et de ses successeurs les plus authentiques permet moins d'analyser la nature des classes sociales que de transformer une société en se réclamant de la mission historique d'une classe sociale. Toutefois, la réussite d'une révolution ne prouve pas la justesse d'une sociologie; et lorsque Aristote étudie les conditions dans lesquelles une tyrannie peut se prolonger, il ne prétend pas que ce régime soit le meilleur, pour lui la cause formelle n'est pas la cause finale.

[1] Cf. F. ENGELS, *Lettre à Sorge,* 7 décembre 1889, dans MARX-ENGELS, *Correspondance,* p. 443.

[2] Cf. Bertram D. WOLFE, *Lénine et Trotsky,* 1951, p. 105.

Chapitre IV

Sociologie politique: le changement politique

Aristote et le changement politique

La théorie du changement politique est plus spécialement traitée par Aristote dans le livre V de *la Politique* dont la perspective est souvent nettement sociologique sans cesser de se référer à un cadre normatif qui trouve dans la vertu sa finalité dernière. Tandis que Platon partait d'une société idéale que le changement ne pouvait pas corrompre, sauf au dernier stade du cycle déclinant de la grande année cosmique préludant à une nouvelle phase de croissance, Aristote analyse les conditions de stabilité des différents régimes politiques en se basant essentiellement sur deux critères, celui du degré d'*égalité* réelle des citoyens aussi bien à l'égard des droits politiques que dans la répartition des richesses, et celui de l'*harmonie* du corps politique dans son ensemble. Ces deux aspects ont d'ailleurs une influence réciproque en ce sens qu'une certaine égalité produit l'harmonie et la stabilité, sans impliquer toutefois un égalitarisme monolithique qui ruinerait un pluralisme auquel Aristote est très sensible et qu'il juge «naturel» par analogie avec ce que l'on constate, par exemple, en biologie. Deux textes typiques peuvent illustrer cette optique aristotélicienne: «Partout, en effet, écrit Aristote, c'est l'inégalité qui engendre les dissensions, [...] car, d'une manière générale, c'est la recherche de l'égalité qui suscite les séditions [1]»; et plus loin, à propos de l'harmonie, nous lisons que les révolutions politiques «sont dues aussi à un accroissement disproportionné de quelque partie de l'Etat. De même, en effet, qu'un corps vivant est composé de parties et que sa croissance doit s'effectuer uniformément dans toutes, afin que l'harmonie de l'ensemble soit préservée, autrement il est voué à la destruction, [...] ainsi également un Etat est composé de parties dont souvent quelqu'une prend un accroissement insoupçonné, comme par exemple le nombre des pauvres dans les démocraties et les républiques [2]». Après avoir noté que les constitutions «se transforment plus souvent en leur forme opposée qu'en celle qui leur est apparentée [3]», il critique l'interprétation cyclique platonicienne en faisant remarquer que la politique se situe dans le domaine de *l'indéterminé,* du contingent, et n'obéit nullement à des lois de type mathématique dont l'auteur de la *République* avait laborieusement recherché la formule [4].

Ces quelques indications mettent sur la voie d'une théorie aristotélicienne du changement politique des sociétés déjà constituées. Pour Aristote, la forme d'une société, qui est l'objet typique de la sociologie, est concrétisée

[1] Aristote, *La Politique,* V, 1, p. 340 s.
[2] *Ibidem,* V, 3, p. 347 s.
[3] *Ibidem,* V, 12, p. 422.
[4] Cf. Platon, *La République,* Livre VIII.

par une constitution politique définie empiriquement comme un certain équilibre des classes sociales, notamment celles des citoyens riches et pauvres qui résistent ou tendent à l'égalité. Cette égalité politique et économique doit trouver un degré de réalisation qui ne soit pas incompatible avec un pluralisme et une hiérarchie permettant au plus grand nombre possible de citoyens capables d'acquérir la vertu, de l'obtenir. Et c'est parce que cette vertu trouve son achèvement dans la vie contemplative que la stabilité sociale et le loisir sont tant vantés par le Stagirite. Pratiquement, il ne faut pas chercher à établir un système politique répondant rigoureusement à un régime idéal, on doit au contraire se contenter d'un «juste milieu [1]», instauré progressivement par ajustement de ce qui existe déjà [2]. Enfin, on ne perdra pas de vue «le principe élémentaire, d'importance capitale, que nous avons répété bien des fois, précise Aristote, c'est de veiller à ce que la masse des citoyens favorables à la constitution l'emporte sur celle des citoyens qui lui sont hostiles [3]», au moins numériquement. Ces règles normatives tirées de l'expérience, révèlent aussi la sociologie sous-jacente d'Aristote: par-delà tous les régimes particuliers, une tendance majeure se dégage, celle d'une corruption toujours menaçante des sociétés politiques qui pourrait se comparer non pas au vieillissement, selon l'image de Platon, mais plutôt à la maladie que le médecin peut guérir, notamment en rétablissant une certaine égalité parmi les citoyens. Cette sociologie

[1] ARISTOTE, *La Politique,* V, 9, p. 387.
[2] Cf. *ibidem,* IV, p. 260; VI, 1, p. 430.
[3] *Ibidem,* V, 9, 1309 b 15, p. 386 s.

du changement n'implique pas une perspective évolutionniste linéaire [1], et laisse ouverte la philosophie de l'histoire cultivée par Platon sous forme mythique [2].

La santé du corps politique se manifeste, selon Aristote, par la stabilité du régime, ce qui n'équivaut nullement à une stagnation, puisque l'équilibre doit être conquis de haute lutte en résistant aux forces de désintégration d'origine interne ou externe qui ne cessent d'agir. Si on voulait comparer les différents régimes à des tempéraments individuels, on dirait dans cette perspective que les plus solides sont ceux où la classe moyenne est prédominante, bien qu'un idéal privilégiant une élite, voire un grand homme exceptionnel, puisse offrir une plus grande perfection politique formelle.

Ce qui frappe dans l'analyse aristotélicienne du changement politique, c'est moins un conservatisme obstiné qu'un réformisme empirique s'appuyant sur une sociologie qui n'est ni une histoire, ni une philosophie politique ou une étude de mœurs [3], mais une discipline dont l'objet est une réalité sociale structurée qui garde dans le flux du temps un caractère objectif à l'instar de ces constellations typiques des rapports que sont les constitutions politiques. Cette sociologie s'appuie constamment sur l'histoire et est orientée par une philosophie politique, sans se réduire cependant à l'une ou à l'autre. Sa spécificité est une formalisation qui n'est pas seulement

[1] Au sujet de l'évolutionnisme chez Aristote, voir plus loin.

[2] Pour la sociologie de Platon, cf. Léon Robin, *La Pensée hellénique des origines à Epicure*, Paris, 1967, p. 178 ss, et l'ouvrage polémique de Karl R. Popper, *The Open Society and its Enemies :* I. *Plato* (1945), [5] 1966, p. 35 ss.

[3] Cf. Paul Veyne, *Comment on écrit l'histoire,* Paris, 1971, p. 321, qui ramène la sociologie à l'un de ces trois genres.

«conceptualisée», mais traduit des réalités objectives sociales dont le mode d'être est celui de la *relation*.

Ces «ordres de magistratures» que sont aussi les constitutions [1] se maintiendront ou, au contraire, se transformeront selon des processus propres à chaque régime (démocratie, oligarchie, monarchie, tyrannie). Il n'en reste pas moins que les changements qui les concernent ne sont pas le résultat du hasard, mais sont soumis à des causes intelligibles qui, sans être nécessitantes, car nous sommes là dans le domaine du contingent, n'en sont pas moins typiques, disons qu'il s'agit de tendances sur lesquelles les libertés humaines ont une certaine prise, si on admet avec Aristote qu'un réformisme est possible, par opposition au déterminisme qui s'impose finalement dans la perspective platonicienne.

Platon a pu être considéré comme le philosophe par excellence de la «mentalité primitive» en valorisant philosophiquement les archétypes et la répétition dans l'histoire [2]; Aristote en revanche inaugure non pas une nouvelle philosophie de l'histoire, mais une étude systématique des phénomènes politiques et sociaux, dans une relative indépendance à l'égard des philosophies de l'histoire et, selon nous, cette formalisation, nourrie d'observations empiriques détaillées, est précisément le propre de la sociologie qui se distingue par son effort typologique, aussi bien de l'histoire descriptive et synthétique à la manière d'un Thucydide que des tentatives philosophiques, sur le mode mythique, qui caractérisent Pla-

[1] Cf. Aristote, *La Politique*, IV, 1, 1289, a 15, p. 261.

[2] Cf. Mircea Eliade, *Le Mythe de l'éternel retour* (1947), Paris 1969, p. 48.

ton. Cette sociologie aristotélicienne du changement politique n'est pas non plus, comme on pourrait s'y attendre, calquée sur la biologie, car l'auteur de *la Politique* est aussi celui de l'*Ethique à Nicomaque,* dont la rédaction a précédé vraisemblablement le livre IV de *la Politique* [1], et dans cet ouvrage éthique capital il avait posé, dès les premières pages [2], des distinctions particulièrement fermes et claires concernant les sciences pratiques et en particulier la politique dont la fin est «le bien proprement humain». Pour l'homme, ce bien «consiste dans une activité de l'âme en accord avec la vertu [3]» et l'âme dont il s'agit est d'un homme, c'est-à-dire d'un animal raisonnable, d'un animal politique, inéluctablement tendu vers un bonheur que la politique doit promouvoir au profit de chacun, car il est impossible qu'une société soit heureuse «si la plupart de ses éléments à défaut de tous, ou du moins certains d'entre eux, ne possèdent pas le bonheur [4]».

La sociologie aristotélicienne du changement politique se meut ainsi dans un cadre anthropologique qui exclut d'emblée des schémas trop directement biologiques ou organicistes tout en parvenant à se distinguer de l'histoire essentiellement descriptive, comme aussi de la philosophie de l'histoire.

Il faut préciser aussi que, de toute manière une analogie avec la biologie n'aurait pas impliqué, pour Aristote, l'idée d'évolution; et si Darwin a pu écrire que Linné et Cuvier, «ses deux divinités», n'avaient été que

[1] Voir Kurt von Fritz et Ernest Kapp, *Aristotle's Constitution of Athens,* Introduction, Londres Hafner Library of Classics, 1950, p. 46 ss.

[2] Cf. Aristote, *Ethique à Nicomaque,* I, 1, 1094 b, p. 35.

[3] *Ibidem,* I, 6, p. 59.

[4] *La Politique,* II, 5, p. 106.

«de simples écoliers en comparaison du vieil Aristote [1]», ce n'est pas à propos de la théorie de l'évolution, car, on l'a remarqué, il n'y a chez Aristote «aucune évolution *historique* de la Nature: les genres des êtres vivants sont aussi incommunicables que le sont tous les autres genres quels qu'ils soient; il ne peut être question ni de transformisme ni de filiation réelle; l'homme n'est pas un *ancien* poisson, comme l'ont pensé quelques Présocratiques, ni la plante un animal *dégénéré;* ce sont autant de «formes» exigeant «matière appropriée», autant d'essences éternelles, mais qui ne sont pas toutes de même *valeur*, ni par conséquent de même rang. Or, ce qui en assure la perfection, c'est le pouvoir de détermination qu'elles comportent et, par suite, dans les vivants périssables qui manifestent ces essences, une richesse plus ou moins grande d'organisation, une harmonie plus ou moins heureuse de fonctions plus exactement spécialisées, donc plus variées [2]».

Ces réflexions profondes écartent l'interprétation dans le sens du principe de sélection naturelle que Darwin croyait pouvoir attribuer à un passage d'Aristote sur la croissance des dents [3], mais elles montrent qu'une hiérarchie des formes en fonctions de «la richesse d'organisation», de l'harmonie et de la spécialité des parties, permettrait de fournir un critère pour le *classement* des constitutions politiques, plutôt que pour suivre le dynamisme de leurs changements.

[1] Francis M. DARWIN, *Life and Letters of Ch. Darwin,* (Londres, 1887), III, p. 252, dans Michel-Pierre LERNER, *La notion de finalité chez Aristote,* «Recherches», Paris, 1969, p. 87.

[2] Léon ROBIN, *Aristote,* Paris, 1944, p. 178.

[3] Cf. Charles DARWIN, *On the Origin of Species by means of Natural Selection,* Londres, 1859 (Ed. Everyman's Library, p. 7).

Sur ce thème du changement politique, nous disposons d'un texte de Marx bien connu dont la concision et le caractère synthétique dispensent de beaucoup d'autres citations, il s'agit de l'avant-propos à la *Critique de l'économie politique* (1859) où Marx retrace, en quelques pages, le fil conducteur de ses travaux en économie politique:

Dans la production sociale de leur existence, les hommes nouent des rapports déterminés, nécessaires, indépendants de leur volonté; ces rapports de production correspondent à un degré donné du développement de leurs forces productives matérielles. L'ensemble de ces rapports forme la structure économique de la société, la fondation réelle sur laquelle s'élève un édifice juridique et politique, et à quoi répondent des formes déterminées de la conscience sociale. Le mode de production de la vie matérielle domine en général le développement de la vie sociale, politique et intellectuelle. Ce n'est pas la conscience des hommes qui détermine leur existence, c'est au contraire leur existence sociale qui détermine leur conscience. A un certain degré de leur développement, les forces productives matérielles de la société entrent en collision avec les rapports de production existants, ou avec les rapports de propriété au sein desquels elles s'étaient mues jusqu'alors, et qui n'en sont que l'expression juridique. Hier encore formes de développement des forces productives, ces conditions se changent en de lourdes entraves. Alors commence une ère de révolution sociale. Le changement dans les fondations économiques s'accompagne d'un bouleversement plus ou moins rapide dans tout cet énorme édifice. [...] *Jamais une société n'expire, avant que soient développées toutes les forces productives qu'elle est assez large pour contenir; jamais des rapports supérieurs de production ne se mettent en place, avant que les conditions matérielles de leur existence ne soient écloses dans le sein même de la vieille société. C'est pourquoi l'humanité ne se propose jamais que les tâches qu'elles peut remplir* [...]. *Les rapports de production bourgeois sont la dernière forme antagonique du procès social de la production. Il n'est pas question ici d'un antagonisme individuel; nous l'entendons bien plutôt comme le produit des conditions sociales de l'existence des individus; mais les forces productives qui se développent au sein de la société bourgeoise créent dans le même temps les conditions matérielles propres à résoudre ces antagonismes. Avec ce système social, c'est donc la préhistoire de la société humaine qui se clôt* [1].

Ce processus industrialiste du changement économique et politique est étroitement lié à une philosophie de l'histoire linéaire et délibérément optimiste à long terme. Il s'agit d'une application matérialiste du panlogisme hégélien qui considère la négation d'une réalité comme une force créatrice et téléologique. Dans de nombreux textes, Marx a exalté l'action politique révolutionnaire la plus volontariste qui soit [2], mais ici l'explication sociologique du changement marginalise résolument le facteur politique proprement dit en faveur d'un dynamisme économique lui-même commandé par le matérialisme historique. Ce n'est pas, comme chez Aristote,

[1] K. Marx, *Critique de l'économie politique* (1859), dans *Œuvres*, I, 272–274.

[2] Qu'il suffise de citer ici l'*Adresse du Comité central à la Ligue* (1850) et son appel à la «révolution en permanence», cf. *Les Cahiers Spartacus*, sept. 1970, p. 35–47, ou les considérants adoptés par la Conférence de Londres (1871), dans *La Première Internationale, Recueil de documents*, publiés sous la direction de J. Freymond, Genève, Droz, 1962, II, p. 236.

l'inégalité sociale et économique des citoyens entre eux qui est à la source du changement politique, mais une disproportion entre les forces productives et les rapports sociaux de production. Dans le cas du philosophe grec, l'analyse sociologique se situe au niveau de l'agir *(praxis)* tandis que pour Marx elle s'effectue au niveau de la technique *(poïèsis)*. Alors qu'Aristote s'attache aux différents modes de l'inégalité dans une société politique, et esquisse une typologie des changements de régimes dans une perspective réformiste, Marx voit dans les modes de production la clé d'une évolution procédant par étapes révolutionnaires parfois résumées en deux lignes: «Réduits à leurs grandes lignes, les modes de production asiatique, antique féodal et bourgeois moderne apparaissent comme des époques progressives de la formation économique de la société [1].» Plus tard, cependant, dans un brouillon de lettre destinée au populiste russe Mikhailovski (1877), Marx semble bien avoir nuancé singulièrement ce qu'il avait écrit près de trente ans auparavant à un autre Russe. P. Annenkoff (1846) [2] et repris ensuite dans de nombreux textes, dont l'Avant-propos de la *Critique de l'économie politique* cité précédemment. Après avoir examiné dans quelle mesure l'évolution du capitalisme occidental pourrait aussi s'appliquer à la Russie, il termine en effet par ces considérations circonspectes: «... des événements d'une analogie frappante, mais se passant dans des milieux historiques différents, amenèrent des résultats tout à fait disparates; en étudiant cha-

[1] K. MARX, *Critique de l'économie politique*, p. 273 s. Pour la formalisation sociologique chez Marx, voir Henri LEFEBVRE, *Sociologie de Marx*, Paris, 1966, [3] 1974, p. 50.

[2] Cf. MARX-ENGELS, *Correspondance*, p. 20–31.

cune de ces évolutions à part, et en les comparant ensuite, l'on trouvera facilement la clef de ces phénomènes, mais on n'y arrivera jamais avec le passe-partout d'une théorie historico-philosophique dont la suprême vertu consiste à être suprahistorique [1]». Moins schématique qu'on ne la présente en général, la formalisation marxiste du processus de changement des structures économiques et, par voie de conséquence, des superstructures politiques, se présente comme indissolublement liée à la philosophie et à l'histoire à condition que ces dernières ne soient pas «supra-historiques», c'est-à-dire qu'elles répondent aux critères du matérialisme historique axé sur l'évolution des techniques plus que sur l'homme et son sens de la justice à l'instar d'Aristote.

Finalement, la sociologie de Marx pourrait être définie, dans ce domaine précis du changement politique comme dans d'autres, *sociologie de la poièsis,* tandis que celle d'Aristote, fondée sur l'agir humain, est une *sociologie de la praxis.* Toutefois, ce n'est pas un hasard si le terme *praxis* a été comme annexé par l'analyse marxiste qui a manifesté ainsi toute l'ambition d'une anthropologie visant à réduire le moral (agir humain) à une production du physique, lui-même issu de la matière selon un processus dialectique qui produit le qualitatif à partir du quantitatif. La question se pose maintenant de savoir si le réalisme ne serait pas du côté d'Aristote tandis que le matérialisme dialectique trahirait au contraire ses origines idéalistes: «Tout ce qui émerge au-dessus de la société

[1] K. Marx, Réponse à Mikhaïlovski (novembre 1877), dans *Œuvres,* II, p. 1555. Voir aussi la lettre de Engels à C. Schmidt (27 octobre 1890), dans *Correspondances,* éd. cit., p. 454–461.

effective, écrit Axelos, est dénoncé par Marx, au nom du réalisme et du matérialisme historiques. Voulant néanmoins supprimer toutes les contradictions et réaliser l'unité totaliste, car la critique négatrice de la société civile et de l'Etat vise cela, Marx ne fait-il pas preuve d'idéalisme [1]?» Déjà Aristote avait critiqué la position de base de la théorie politique platonicienne suivant laquelle «l'unité la plus parfaite possible est, pour toute cité, le plus grand des biens [2]» et il avait remarqué que «le processus d'unification se poursuivant avec trop de rigueur, il n'y aura plus d'Etat: car la cité est par nature une pluralité, et son unification étant par trop poussée, de cité elle deviendra famille, et de famille individu [3]». Autrement dit, on aura l'Etat d'un seul (maître) ou d'un seul parti étroitement hiérarchisé. L'Etat bureaucratique (prussien) idéalisé par Hegel et l'Etat fondé par Lénine renvoient à une interprétation possible du projet platonicien [4] mis en cause par Aristote et, dans ces trois cas, les théories du changement politique sont indissociables de philosophies de l'histoire. Cette dimension historique manque incontestablement dans le cas d'Aristote [5], mais, on l'a noté, la typologie aristotélicienne n'exclut pas une

[1] Kostas Axelos, *Marx penseur de la technique,* Paris, 1961 (coll. 10/18, I, p. 175).

[2] Aristote, *La Politique,* II, 2, p. 85.

[3] *Ibidem,* p. 85.

[4] Cf. K. Popper, *The Open Society...,* I. *Plato,* ch. vi: «Totalitarian Justice», p. 86 ss. Dans le second volume consacré à Hegel et Marx, K. P. traite d'Aristote en quelques pages qui n'enrichissent pas particulièrement l'ouvrage (cf. p. 1–26).

[5] Ce qui ne veut pas dire qu'Aristote n'ait pas eu amplement recours à une documentation historique: voir Raymond Weil, *Aristote et l'histoire,* Paris, 1960.

telle philosophie et nous verrons ce que des continuateurs d'Aristote auront à offrir ici par opposition aux courants idéaliste et matérialiste dont la parenté mérite d'être soulignée. On se bornera ici à citer un texte de Hegel sur l'évolution qui, comparé avec l'Avant-propos de la *Critique de l'économie politique,* met en évidence ce que le second doit au premier:

> *Comme il a été déjà établi, l'histoire présente le développement ? la conscience que l'Esprit a de sa liberté, et de la réalité produite par cette conscience. Le développement se révèle être un processus par étapes* (Stufengang), *une série de déterminations de plus en plus concrètes de la liberté émanant de son concept même, c'est-à-dire de la nature même de la liberté devenant consciente d'elle-même. La nature logique ou, mieux encore, dialectique du concept en général est de se déterminer lui-même, de poser en soi des déterminations et de les supprimer et de les dépasser* (aufheben) *en acquérant par là une détermination positive plus riche et plus concrète. La nécessité de ce processus et la série nécessaire des pures déterminations abstraites du concept sont traitées dans la philosophie. Disons ici qu'en tant que distinct des autres, chaque degré a son principe particulier déterminé. Dans l'histoire, ce principe apparaît chaque fois comme la détermination de l'esprit d'un peuple qui y exprime concrètement tous les aspects de la conscience et de son vouloir, toute sa réalité. Cette détermination constitue donc l'empreinte commune de sa religion, de sa constitution politique, de son éthique, de son système juridique, de ses mœurs aussi bien que de sa science, de son art, de son habileté technique et de l'orientation de ses activités industrielles* [1].

[1] G. W. F. Hegel, *La raison dans l'histoire,* trad. Papaioannou, Paris (coll. 10/18), 1965, p. 197.

Nous savons que l'année même où Marx composa l'Avant-propos à la *Critique de l'économie politique,* soit en 1858, il avait «refeuilleté» la *Logique* de Hegel, ce qui lui avait rendu «grand service» pour «la *méthode* d'élaboration du sujet [1]» et, dans cette même lettre à Engels, Marx ajoute: «Si jamais j'ai un jour de nouveau du temps pour ce genre de travail, j'aurais grande envie, en deux ou trois placards d'imprimerie, de rendre accessible aux hommes de bon sens le *fond rationnel* de la méthode que Hegel a découverte, mais en même temps mystifiée [2].» A côté de l'influence hégélienne, il faut aussi reconnaître la place très importante accordée par Marx à l'œuvre de Darwin dont l'ouvrage *On the Origine of Species* parut la même année que *la Critique de l'économie politique* (1859). Le 19 décembre 1860, par exemple, il écrit à Engels que le livre de Darwin «contient les fondements naturalistes» de leurs conceptions [3] et, un mois plus tard, s'adressant à Lassalle (16 janvier 1861), il revient sur ce thème: «L'ouvrage de Darwin est très important, il me sert de base scientifique pour la lutte historique des classes... malgré tous ses défauts, il porte pour la première fois un coup mortel à la «téléologie» dans les sciences naturelles [4]...» Il aura aussi des réticences notamment lorsque les «darwinistes sociaux» prétendront voir dans le *Struggle for existence* et le *Survival of the fittest* les lois fondamentales des sociétés humaines confirmant les théories de

[1] Marx-Engels, *Lettres sur 'le Capital',* Paris, Editions sociales, p. 27. Cette lettre est datée du 14 janvier 1858 et selon M. Rubel, c'est entre août 1858 et janvier 1859 que Marx rédigea l'Avant-propos à la *Critique,* cf. *Œuvres,* I, p. 269.

[2] *Op. cit.,* p. 83.

[3] Cité dans *Karl Marx, Sa vie et son œuvre,* Moscou, 1973, p. 337.

[4] Marx-Engels, *Correspondance,* p. 118.

Malthus [1] et des protagonistes de la libre concurrence: «Il est curieux, écrit-il en 1862 à Engels, de voir comment Darwin retrouve chez les bêtes et les végétaux sa société anglaise avec la division du travail, la concurrence, l'ouverture des nouveaux marchés, les «inventions» et la «lutte pour la vie» de Malthus. C'est le *bellum omnium contra omnes* de Hobbes et cela fait penser à la *Phénoménologie* de Hegel où la société bourgeoise figure sous le nom de «règne animal intellectuel», tandis que chez Darwin c'est le règne animal qui fait figure de société civile [2]...»

Cette méfiance à l'égard d'un darwinisme social qui, non seulement, légitimerait des régimes de type capitaliste, concurrentiels, mais ruinerait le projet marxiste de stabilisation finale d'une société sans classes, au nom d'une loi fondamentale et naturelle de la lutte pour la vie, n'empêcha pas Marx de proposer à Darwin la dédicace d'un des livres du *Capital* [3]. Ce que la sociologie marxiste retiendra de Darwin, c'est la *théorie de l'évolution* [4] et elle relativisera le principe du *Struggle for life* en ne l'appliquant qu'à certaines «formes sociales déterminées», et très précisément celles qui précèdent le «bond de l'humanité, du règne de la nécessité dans le règne de la liberté», pour reprendre l'expression de Engels.

[1] Parlant de la théorie de la lutte pour la vie, Ch. Darwin écrit dans l'Introduction de *On the Origin of Species:* «This is the doctrine of Malthus applied to the whole animal and vegetable kingdoms» (p. 19).

[2] MARX-ENGELS, *Correspondance,* p. 124.

[3] Ch. Darwin déclina l'offre pour éviter de chagriner les membres croyants de sa famille que la dédicace de l'ouvrage d'un athée notoire aurait pu scandaliser, cf. *Karl Marx, Sa vie...,* p. 338.

[4] Voir MARX-ENGELS, *Correspondance,* Lettre de Engels à Lavrov (17 novembre 1875), p. 309; et K. MARX, *Lettres à Kugelmann* (1862-1874), Paris, éd. Anthropos, 1968, p. 147.

Autant Aristote est «finaliste» en biologie, autant sa théorie du changement politique est «indéterministe» et garde une remarquable indépendance à l'égard de la philosophie et de la théologie de l'histoire. C'est l'inverse qui est vrai pour Marx qui adhère en biologie à l'évolutionnisme de Darwin sous une forme assez proche des interprétations «mécaniques» qu'Aristote avait déjà critiquées, mais qui devient, au fond, très «téléologique» en politique, en raison d'une philosophie de l'histoire qui, malgré son matérialisme, s'alimente à l'idéalisme panhistorique de Hegel, cet ancien maître en théologie formé à Tubingue.

En conclusion on peut se demander si une philosophie de l'histoire ne pourrait pas compléter la première et si, en revanche, le matérialisme dialectique est indissociable des découvertes proprement sociologiques de Marx, dans le domaine des rapports entre l'économique et le politique.

Dans le premier cas, il suffirait d'introduire la conception d'un monde fini qui a commencé et qui aura une fin pour fournir la matière d'une philosophie de l'histoire, comme le prouve l'exemple d'un saint Augustin:

Nous avons un premier grand exemple d'une telle philosophie dans la Cité de Dieu *de saint Augustin. On vous donne ici une interprétation de l'histoire humaine dans la perspective du christianisme, – une interprétation qui s'oppose aux conceptions orientales des cycles éternels de destruction et de régénération du cosmos. Le christianisme nous a appris que l'histoire a un sens, qu'elle travaille dans une direction déterminée. L'histoire n'est pas un éternel retour, elle ne se meut pas en cercles. Le temps est linéaire, non cyclique. Cette vérité a été une acquisition capitale pour la pensée humaine.*

La philosophie de l'histoire de saint Augustin était une œuvre de sagesse, à la fois de théologie et de philosophie ; et de théologie davantage. Mais, dans l'esprit de saint Augustin, les deux sagesses, philosophique et théologique, œuvraient ensemble. Et sa Cité de Dieu *s'efforce de dégager la signification intelligible et pour ainsi dire transhistorique de l'histoire, la signification intelligible de la succession ou du développement des événements dans le temps. C'est là précisément l'objet général de la philosophie de l'histoire* [1].

C'est la croyance à l'éternité du monde qui explique, en partie du moins, le manque de profondeur historique de la sociologie du changement politique chez Aristote, il faut aussi tenir compte de l'état des données empiriques qui, en dépit de la collection des cent cinquante-huit constitutions rassemblées par le Stagirite, restaient limitées, pour l'essentiel, aux horizons du monde grec, les autres traditions restant, lorsqu'elles étaient connues, difficilement dissociables de légendes et de mythes que, contrairement à Platon, Aristote n'utilisait qu'avec beaucoup de réserves. Dans la perspective chrétienne d'un saint Augustin, une reprise de l'héritage aristotélicien était concevable et ce n'est pas un hasard si l'auteur cité précédemment se réclame d'un grand disciple d'Aristote, saint Thomas d'Aquin, bien que ce dernier n'ait pas développé la philosophie de l'histoire pour elle-même, mais ait seulement fourni les moyens de distinguer mieux que ne l'avait fait saint Augustin les domaines respectifs de la raison et de la foi, de la philosophie et de la théologie.

[1] Jacques MARITAIN, *Pour une philosophie de l'histoire,* Paris, 1957, p. 16.

Dans le cas du marxisme, il est certain que le rôle des facteurs économiques a été mis en évidence d'une manière décisive et toute sociologie du changement politique devra en tenir compte, par ailleurs l'intense «sens de l'histoire» qui est au cœur de la sociologie marxiste lui confère un intérêt indéniable dans un monde en pleine évolution et où l'accélération de l'histoire, surtout sensible depuis le XIXe siècle, s'impose. Enfin, l'analyse marxiste de la société industrielle et des classes sociales offre une cohérence qui, même si on l'estime erronée, impressionne et suggère des méthodes d'approche globale du changement politique.

Au passif, il y a, selon nous, le fait que cette analyse totale repose sur un certain nombre de postulats, notamment dans l'ordre philosophique, dont le refus risque de mettre en cause une bonne partie de ce qui pouvait sembler acquis au plan sociologique lui-même, comme le rapport entre infrastructures et superstructures, et le dynamisme du changement politique, économique et culturel. A force d'utiliser l'histoire dans une perspective idéologique exclusive, la sociologie marxiste se fait historiciste et sa science tend à prendre la forme mythique que Platon avait utilisée, sous d'autres formes il est vrai, mais qu'Aristote avait récusée au nom de la vérité.

Chapitre V

Sociologie de l'économie et les théories de la valeur

Par économie, nous entendons ici l'acquisition des richesses, principalement matérielles, au moyen du travail humain. Indispensable pour assurer la vie de l'homme, l'économie a revêtu des aspects dont l'histoire manifeste l'extraordinaire variété. Les philosophes, à commencer par Aristote, se sont efforcés de préciser la nature de cette activité humaine en la subordonnant longtemps à la politique, c'est-à-dire aussi à la morale. Cette prépondérance de la cause finale humaine dans l'analyse du phénomène économique a décliné depuis le XVIIIe siècle lorsque la physique commença à éclipser la métaphysique dans la théorie sociale. La cause efficiente qui intéresse le *comment* des phénomènes, prévalut alors sur la cause finale axée sur le *pourquoi* des choses. La révolution industrielle a donné un formidable éclat à ce changement de perspective et trouve une de ses illustrations les plus typiques dans le domaine intellectuel chez ce professeur de morale qui publia en 1776 un gros ouvrage intitulé *Wealth of Nations*. L'auteur, Adam Smith, est préoccupé essentiellement par la manière dont est produite la richesse: «Le travail annuel de chaque nation est la source initiale fournissant ce qui est nécessaire ou utile à la vie et consommé annuellement, que cela soit produit directement ou acheté à l'étranger grâce au travail» [1].

Il s'agit, dans cette première phrase-programme de l'ouvrage, de bien montrer qu'on recherche le comment de la richesse et ce n'est que beaucoup plus loin à propos de l'éducation, qu'une sévère explication avec la métaphysique trouve place, suivie de quelques considérations d'ordre éthique. Sans nous attarder sur l'argumentation du professeur de Glasgow, indiquons seulement qu'à ses yeux, la prédominance héritée des scolastiques de la métaphysique sur la science expérimentale, conduirait à négliger presque complètement de très «utiles découvertes» au profit de «subtilités et de sophismes», bref de discussions obscures et incertaines «à propos des qualités et attributs». La morale, elle-même, aurait sombré dans la «casuistique et l'ascétisme».

On s'attachera principalement aux idées concernant la valeur économique qui se situe elle-même au cœur des débats sur la vie économique.

Ce choix de la théorie de la valeur comme centre de référence d'une sociologie historique de l'économie, méritait en lui-même une étude, il suffira d'indiquer ici qu'il permet de suivre, avec une certaine précision, l'évolution d'un problème absolument décisif qui est celui des rapports entre les deux pôles indissociables de l'économie politique, savoir les techniques et la finalité ou intention (politique).

On verra que ce double aspect fut saisi dans son unité par des philosophes qui ne connaissaient que des sociétés

[1] Adam Smith, *The Wealth of Nations* (1776). Edition E. Cannan (1904). Methuen (1901), vol. 1, p. 1.

préindustrielles et que cette synthèse délicate se brisa entre les mains des économistes classiques dont la critique marxiste resta, au fond, prisonnière. Depuis environ un siècle la redécouverte de la valeur/besoin par les marginalistes a préparé la voie à un dépassement du dualisme instauré entre l'économie et la politique. Ni le calcul mathématique, ni l'évaluation purement psychologique ne suffisent. L'économie est politique et la politique renvoie à une anthropologie qui, en définitive permet seule de situer et de qualifier cette réalité insaisissable et fondamentale de la vie économique humaine qu'est le besoin, né d'un désir humain.

1. *Aristote, théoricien de la valeur économique*

«Une cité est une certaine quantité de maisons, de terres et de biens, suffisants pour assurer une vie heureuse. C'est là une chose manifeste, car, dès qu'on n'est plus capable d'atteindre cette fin, la communauté elle aussi se dissout. En outre, c'est en vue de ce genre de vie que les hommes s'associent.» Ce texte, attribué à Aristote [1], brille par sa concision, c'est un philosophe qui s'exprime ainsi, non un praticien comme Xénophon, par exemple, qui définit plus prosaïquement l'économie comme une science «qui donne les moyens d'accroître une maison», la maison étant «tout ce qu'on possède» qui «est utile à la vie» et dont on sait tirer parti [2].

[1] *Les Economiques*, I, 1 (trad. Tricot, Vrin 1958, p. 18).
[2] Xénophon, *Economique* (Œuvres complètes, Garnier/Flammarion 1967, T 2, p. 326).

L'économie est comprise comme un moyen de satisfaire des besoins d'ordre matériel du point de vue de la finalité (vie heureuse), plutôt que de la production des richesses elles-mêmes. Même un technicien comme Xénophon juge «méprisables les arts appelés mécaniques parce qu'ils semblent dégrader le corps et briser l'âme» [1].

Cette mesure de la valeur économique par le besoin se trouve déjà chez Platon pour qui «la multiplicité des besoins assemble en une même résidence un grand nombre d'associés et d'auxiliaires» [2] constituant un établissement commun appelé cité. Mais, pour éviter que cette cité ne devienne un simple lieu de consommation voué à l'accumulation des biens matériels et finalement à l'impérialisme guerrier, l'auteur de la *République* avait prévu un système de castes au service d'un projet culturel réputé seul digne de l'homme.

Constamment, les anciens se préoccupent de rattacher la définition des besoins économiques à une philosophie morale qui puisse leur donner une signification humaine. Parmi eux, toutefois, seul Aristote pousse assez loin l'analyse du besoin économique pour qu'on puisse y voir une authentique théorie de la valeur et de l'échange, non pas complètement séparée des critères éthiques, mais formellement distincte:

«Il est donc indispensable que tous les biens soient mesurés au moyen d'un unique étalon, comme nous l'avons dit plus haut. Et cet étalon n'est autre, en réalité, que le besoin, qui est le lien universel (car si les hommes n'avaient besoin de rien, ou si leurs besoins n'étaient pas pareils,

[1] *Ibidem*, p. 327.

[2] PLATON, *La République*, II/369 c (Trad. Garnier).

il n'y aurait plus d'échange du tout, ou les échanges seraient différents)» [1].

La monnaie est aussi examinée dans ce même passage comme un «substitut du besoin» ou une «sorte de gage». En bref, Aristote étudie la vie économique marchande (échanges) en mesurant la valeur par le besoin, évalué en monnaie, sans s'attacher directement à la nature morale du besoin que Platon faisait, au contraire, immédiatement intervenir.

Le lien entre l'économique et l'éthique est souligné dans le premier livre de *La Politique* où Aristote oppose les opérations économiques répondant à d'authentiques besoins humains à la pure accumulation de la richesse, spécialement sous forme monétaire, qu'il nomme *chrématistique*. Autant la première activité lui paraît naturelle, autant la seconde lui semble aberrante, car on ne cherche plus à répondre à des besoins, mais à entasser:

«Pour cette forme de chrématistique, il n'y a pas de limite à sa fin et sa fin est la richesse et l'acquisition au sens mercantile. Au contraire, l'art d'acquérir des richesses pour l'administration de sa maison, tout différent de la chrématistique proprement dite, a une limite, car l'acquisition illimitée de la monnaie n'est pas l'affaire de l'économie domestique... la forme domestique de la chrématistique a en vue une fin autre que l'accumulation de l'argent tandis que la seconde forme a pour fin l'accumulation même.» [2].

[1] Aristote, *Ethique à Nicomaque,* V. 9 (Trad. Tricot, Vrin 1972, p. 242. Voir à ce propos P. D. Dognin, *Initiation à K. Marx.* 1970 pp. 300-338 (remarquable).

[2] Aristote, *La Politique,* I, 9 (Trad. Tricot, Vrin, 1970, p. 61.)

Marx se référa à ces vues dans sa critique du capitalisme caractérisé à certains égards par cet appétit irrationnel (Epitumia) du profit maximum [1]. Aussitôt après avoir établi cette opposition entre l'économie «pour bien vivre» et l'économie d'accumulation sans limite, Aristote passe en revue les différentes techniques d'acquisition de la richesse, à commencer par l'exploitation des ressources naturelles mise en constrate avec le commerce et l'usure sévèrement condamnée: «Car la monnaie a été inventée en vue de l'échange, tandis que l'intérêt multiplie la quantité de la monnaie elle-même... Par conséquent, cette dernière façon de gagner de l'argent est de toutes la plus contraire à la nature» [2].

Le commerce international, l'industrie, l'artisanat et le travail salarié sont ensuite mentionnés comme moyens d'acquisition des richesses. Aristote esquisse aussi une théorie du monopole qualifié d'utile pour les hommes d'Etat «car un grand nombre de cités doivent recourir à des moyens de ce genre pour améliorer leurs finances, autant qu'une famille et même davantage» [3].

La critique aristotélicienne du communisme de Platon est moins d'ordre économique que politique, il n'en reste pas moins que des considérations de rentabilité économique sont avancées, en effet: «chacun se soucie au plus haut point de ce qui lui appartient en propre, mais, quand il s'agit de ce qui appartient à tout le monde, on s'y intéresse bien moins, ou seulement dans la mesure de son intérêt personnel» [4]: il est difficile de mettre tout en

[1] Dans le livre 1 du *Capital,* Marx cite et discute Aristote.

[2] La Politique I, 10 (p. 66).

[3] *Ibidem,* p. 67.

[4] *Ibidem,* II, 3 (p. 90).

commun, chacun compte sur le voisin, les conflits sont fréquents, les affaires ne se font pas ou mal. Une solution apparaît beaucoup plus efficace et souhaitable à Aristote, savoir l'appropriation privée des biens de production et le partage des fruits ainsi obtenus. Il compte sur l'amitié civique pour opérer cette redistribution, car «entre amis tout est commun». Faute d'une telle communication des biens instaurant une certaine égalité économique, l'instabilité politique entraînerait, soit un nouveau partage par voie révolutionnaire, soit un régime dictatorial imposant un ordre social toujours plus ou moins fragile: «si c'est toujours par appât du gain et par désir des honneurs que les hommes se dressent les uns contre les autres, (c'est) parce qu'ils voient d'autres hommes, tantôt à bon droit et tantôt injustement, détenir de ces biens une part privilégiée» [1].

Cet héritage théorique laissé intact par les Romains, juristes et nullement économistes, sera précisé par les scolastiques. Pratiquement, jusqu'au XVIIIe siècle, Aristote est le seul grand penseur de l'économie. Au XIXe s. il faut attendre les années 1870 pour que sa théorie de la valeur/besoin retrouve, après une éclipse d'un siècle au profit des théoriciens de la valeur/travail, notamment A. Smith, Ricardo et Marx, une prédominance liée désormais à la théorie de l'utilité marginale.

La portée universelle de certains concepts fondamentaux de la théorie économique d'Aristote n'exclut nullement des vues beaucoup plus concrètes relevant de l'observation économique. L'accumulation des données n'est pour Aristote qu'un moyen de découvrir des struc-

[1] *Ibidem* V, 3 (p. 344–45).

tures typiques. Cependant, comme tous ses matériaux sont empruntés à son temps, on obtient des aperçus caractéristiques sur l'économie antique considérée en elle-même. Indiquons, par exemple, la place privilégiée du secteur rural et le statut un peu marginal du commerce. L'industrie apparaît sous un jour artisanal et d'une manière générale, toute la vie économique est centrée autour de l'unité de base qu'est la famille complétée par une main-d'œuvre servile. Le critère de cette économie domestique est une stabilité des revenus assurant au chef de famille, seul citoyen à part entière, des loisirs lui permettant de participer à la vie politique, culturelle et, dans les meilleurs cas, d'accéder à la vie théorétique quasi divine, mais réservée au petit nombre.

Les réserves des historiens [1] invitent à la prudence et ces brèves remarques ne prétendent nullement esquisser une sociologie de l'économie antique. On notera toutefois que, lorsqu'un sociologue comme Max Weber traitera de la «nature de l'économie», il n'ajoutera pas grand chose, à propos de «l'essence de l'économie», aux conceptions d'Aristote que nous avons rappelées [2].

[1] Fustel de Coulanges affirmait déjà dans *La Cité antique* (1864) à propos de la Grèce et de Rome, que «Rien dans les temps modernes ne leur ressemble» (Introduction p. 2) et un auteur récent nie l'existence d'un système économique antique entendu au sens moderne de «conglomérat de marchés interdépendants». M. I. Finley, *The Ancient Economy* (1973). Trad. française. Voir aussi Jean Imbert et Henri Lehohérel, *Histoire Economique des origines à 1789*, PUF, 2e édition 1970.

[2] «En ce qui nous concerne, écrit M. Weber, nous n'emploierons ici le mot économie que lorsque, en face d'un besoin ou d'un faisceau de besoins, l'étendue des moyens et le nombre des actes propres à les satisfaire sont considérés par la personne qui cherche à y parvenir comme relativement *limités* et que cet état de choses engendre un comportement qui tient compte des conditions ainsi créées. Il saute aux yeux que ce qui cons-

2. *La pensée économique médiévale et la théorie de la valeur*

Traiter de la pensée médiévale conduit inévitablement à se tourner vers le plus grand de ses représentants, saint Thomas d'Aquin, et à citer la *Somme théologique*. Nous n'échapperons pas à cette règle même à propos de sociologie et d'économie [1], en notant que ce grand docteur se mit à l'école d'Aristote.

C'est dans une perspective essentiellement morale et théologique que saint Thomas aborde les questions économiques dans la *Somme*, la propriété privée par exemple est traitée à propos du vol et de la rapine, le commerce à l'occasion de la fraude et le prêt à intérêt en étudiant l'usure. Toute la partie proprement économique et sociologique est empruntée à Aristote. Cependant, le génie synthétique du docteur médiéval donne à sa doctrine une valeur originale qu'il convient de souligner. Après avoir établi la légitimité théologique de la propriété humaine en général, saint Thomas défend la propriété privée avec les mêmes arguments qu'Aristote : soins plus

titue à proprement parler une activité rationnelle en finalité, c'est le sentiment *subjectif* d'une pénurie de moyens et l'orientation de l'activité en fonction de ce point de départ... Mais, à côté de l'activité économique par laquelle on cherche à couvrir ses propres besoins, il y en a une autre qui est dirigée vers le profit, c'est-à-dire qui tend à exploiter cet état de choses spécifiquement économique qu'est la quantité limitée des biens convoités, en disposant de ceux-ci pour s'assurer un gain personnel. » *Economie et société*, p. 351–52. C'est la distinction aristotélicienne entre économie domestique et chrématistique pure, la première réglée par des besoins précis, la seconde accumulant sans limite.

[1] Cf. notamment G. LAGARDE, *La naissance de l'esprit laïc au déclin du Moyen Age*. II *Secteur social de la scolastique*, 2e éd. 1958. pp. 50–80 (sociologie thomiste) et R. de Roover, *La pensée économique des scolastiques* (Vrin 1971).

attentifs, ordre, paix (S. II. II. 66, 2). Il élargit toutefois la conception aristotélicienne du partage «entre amis» des fruits de la propriété privée en affirmant que, s'il convient à l'homme d'user des biens extérieurs, il «ne doit pas posséder ces biens comme s'ils lui étaient propres, mais comme étant à tous, en ce sens qu'il doit en faire part aux nécessiteux». Aussi bien, ce n'est plus Aristote, théoricien de l'esclavage naturel, qui est cité ici, mais l'Epître de saint Paul à Timothée: «Recommande à ceux qui sont riches dans le siècle présent d'être prompts à donner, de faire part de leurs biens.»

C'est d'ailleurs cette perspective théologique qui lui permettra d'aller beaucoup plus loin que le philosophe grec lorsqu'il s'agira de nécessité vitale et cet élargissement nous vaut un des passages les plus remarquables de la doctrine économique thomiste qu'il vaut la peine de reproduire ici:

«Ce qui est de droit humain ne saurait déroger au droit naturel ou au droit divin. Or, selon l'ordre naturel établi par la divine Providence, les êtres inférieurs sont destinés à subvenir aux nécessités de l'homme; aussi bien leur division et leur appropriation – œuvre du droit humain – ne pourront empêcher de s'en servir pour subvenir aux nécessités de l'homme. Voilà pourquoi les biens que certains possèdent en surabondance, sont dus, en droit naturel, à l'alimentation des pauvres; ce qui fait dire à saint Ambroise – et ses paroles sont reproduites dans les Décrets: «C'est le pain des affamés que tu détiens; c'est le vêtement de ceux qui sont nus que tu serres dans ta garde-robe; ton argent, c'est le rachat et la délivrance des miséreux, et tu l'enfouis en terre» (S. II. II. 66, 7).

Il y aurait eu là de quoi scandaliser les philosophes grecs du Ve siècle. Le théologien ne s'arrête pourtant pas à cette pressante invitation au partage, il légitime, en contradiction flagrante avec l'esprit du droit romain, l'utilisation du bien d'autrui en cas de nécessité urgente: «Se servir du bien d'autrui que l'on a dérobé en secret dans un cas d'extrême nécessité n'est pas un vol à proprement parler, car en cette occurence, *ce que nous prenons pour conserver notre propre vie devient nôtre*. Cette même nécessité fait que l'on peut prendre le bien d'autrui pour venir en aide au prochain dans la misère» [1].

Traitant du commerce, à l'occasion de la fraude commerciale, saint Thomas reprend et complète l'argumentation aristotélicienne de l'échange. Le fondement de la valeur marchande est le *besoin*, sa mesure est donnée par un prix sur le marché où le vendeur et l'acheteur se rencontrent. Ce marché où se fixent les prix est, selon les termes d'Aristote «une communauté d'intérêts entre les hommes» (*Ethique à Nicomaque* V, 8) et nul ne doit par conséquent trouver un profit *aux dépens* d'autrui: vendre une marchandise plus cher qu'elle ne vaut (sur le marché) ou l'acheter moins cher qu'elle ne vaut est de soi injuste et illicite (S. II, II 77, 1). Cependant, le marché ne traduit pas nécessairement le coût réel de l'opération commerciale en ce sens que le vendeur pourrait subir un préjudice en cédant son bien au prix du marché. Dans ce cas, l'acheteur devrait l'indemniser en payant davantage. Si maintenant l'acheteur trouve un avantage supérieur au prix du marché dans l'acquisition d'un bien quelconque, sans

[1] S II, II, 66, 7 (Trad. C. Spicq, édition de la *Revue des jeunes*) le texte latin est: «Quia per talem necessitatem efficitur suum illud quod quis accipit ad sustinendam propriam vitam». Cette position traduit une conception de la personne humaine inconnue dans l'Antiquité.

que le vendeur ne subisse de préjudice, ce dernier n'a pas le droit de profiter de la situation pour élever son prix [1].

En résumé, l'équité doit être réalisée concrètement grâce à des critères subjectifs (besoin, préjudice) et objectifs (coûts) s'exprimant par le prix du marché. Il s'agit d'une estimation approximative, que la loi et la coutume peuvent éventuellement préciser. Pour suivre notre auteur, il importe d'avoir à l'esprit les textes d'Aristote et des Pères auxquels il ne cesse de se référer, et les données de l'économie médiévale qui sont comme une toile de fond expliquant des imprécisions apparentes ou des silences. Le juste prix, par exemple, vient de saint Augustin et il faut tenir compte des vues restrictives à l'égard du commerce qui commandaient les régulations nombreuses et sévères du corporatisme médiéval.

Ces données éparses d'une doctrine économique thomiste doivent être complétées par la condamnation du prêt à intérêt, si importante au Moyen Age. Elle s'appuyait avant tout sur l'Ecriture et trouvait chez Aristote une argumentation rationnelle en particulier sur la stérilité de la monnaie. Sur ce dernier point, on a cru trouver une contradiction chez saint Thomas qui affirme dans certains passages de la *Somme* que l'argent est stérile (II, II, 61, 3 et 78, 1), et qui le compare ailleurs à une semence qui fructifie (62, 4, cf. Roover *op. cit.* p. 81); cependant,

[1] La notion de marché (forum), fondamentale ici, est le plus souvent implicite chez saint Thomas (on ne la trouve pas dans la *Somme*) et n'exclut pas l'idée de coût, en particulier de coût du travail (stipendium laboris, II, II 77, 4), mais nullement à la manière de Scot, ne retenant que le prix de revient. La position thomiste différait aussi des nominalistes favorables à une réglementation par voie légale. Cf. R. de Roover, *op. cit.*, p. 52.

la métaphore n'est pas utilisée par l'auteur pour justifier le prêt à intérêt [1].

La sociologie de l'économie qui se dégage de cette approche thomiste n'est pas réductible à celle du philosophe grec si souvent cité. Entre le docteur médiéval et Aristote, il y a l'Ecriture et son commentaire par les Pères et puis aussi, il faut y ajouter l'héritage du droit romain repris dans le droit canon. Par ailleurs, la vie sociale et économique médiévale n'est pas comparable à celle de l'Antiquité grecque ou romaine. La pauvreté notamment n'est plus méprisée et le don aux plus démunis apparaît normal, nécessaire même. L'objectif primordial est d'accéder à la vie, non pas théorétique, qu'Aristote réservait à une élite, mais surnaturelle offerte à tous, grâce à une «vie bonne» exigeant deux conditions que saint Thomas formule de la manière suivante:

«Or pour qu'un homme mène une vie bonne, deux conditions sont requises: l'une, la principale, est d'agir selon la vertu; car

[1] Le catéchisme romain du Concile de Trente affirme que «prêter à intérêt, c'est vendre deux fois la même chose, ou bien vendre ce qui n'est pas» (III, 8, 11). En 1745, le pape Benoît XIV maintiendra l'interdiction de principe, en réservant toutefois l'éventualité d'un autre titre (justus alius titulus) légitimant un profit (lucrum) comme le contrat instituant des rentes ou le contrat de société (commerce). On trouvera le texte de cette Encyclique (*Vix pervenit*) in Utz, *La doctrine sociale de l'Eglise,* 1970, Tome III, p. 1980–1991. Une note des auteurs indique que «ce document ne traite que de prêt d'argent pur». Il ne s'agit donc pas ici de l'argent transformé en capital. Le problème du capitalisme est un problème plus récent. Par ailleurs, cette encyclique, adressée à l'origine à l'épiscopat italien, a été étendue à l'Eglise universelle par Grégoire XVI, le 29 juillet 1836 (p. 1981). Au moment où Sismondi allait publier la suite de ses *Nouveaux principes* (*Etudes sur l'Economie politique,* 1837–38) dénonçant la «chrématistique», la papauté réaffirmait la position défendue par saint Thomas (S. II, II, 78). Marx de son côté, citera, en l'approuvant, l'auteur des *Nouveaux principes* 8 fois dans le Livre I du *Capital.*

la vertu est ce par quoi on vit bien. L'autre, secondaire, et comme instrumentale, consiste dans la suffisance des biens corporels dont l'usage est nécessaire à l'acte de vertu. L'unité elle-même de l'homme est causée par la nature, mais l'unité de la multitude, que l'on appelle paix, doit être procurée par les soins du gouvernant» (de Regno, trad. M.-M. Cottier, p. 125.)

Schématiquement, cette perspective est axée sur le développement des potentialités humaines finalisées par un destin surnaturel et ceci par opposition avec une conception «chrématistique» fondée sur l'idée de croissance sans limite de la richesse matérielle devenue une fin.

L'Antiquité ne se réduit pas à la pensée d'Aristote, pas plus que le Moyen Age ne se décrit en citant la *Somme théologique*. Cependant, ces grands penseurs, tout en restant dépendants des conditions économiques et sociales de leur temps, offrent davantage qu'un témoignage historique [1].

[1] L'ouvrage de J. A. SCHUMPETER, *History of Economic Analysis* (1954) est assez décevant à propos d'Aristote et des scolastiques et notamment du thomisme. Il n'est pas toujours sûr. Toutefois il a sérieusement contribué à situer l'importance de l'apport scolastique dans la théorie économique: après avoir remarqué que l'économie «pure» était leur création propre, l'auteur ajoute: «It is within their system of moral theology and law that economics gained definite if not separate existence, and it is they who come nearer than does any other group to having been the «founders» of scientific economics» p. 97. A son avis, les économistes du XIXe siècle auraient gagné beaucoup de temps et d'efforts s'ils avaient connu ces bases théoriques d'un «well-integrated body of analytic tools». En sens inverse, Joan Robinson ignore ces pionniers (J. ROBINSON and J. EATWELL, *An introduction to modern economics,* 1973).

3. *Economie politique et théories de la valeur depuis le XVIIIe siècle*

A. Théorie de la valeur/travail de Smith à Marx

L'interprétation libérale de la vie économique et le projet socialiste d'organisation planifiée s'opposent à propos du rôle joué par l'individu dans les processus économiques, mais ils se rejoignent dans leurs conceptions des lois réglant la vie sociale. Dans les deux cas, c'est le modèle physique qui est sous-jacent, excluant, plus ou moins radicalement, la dimension éthique. Du point de vue sociologique, cependant, cette perspective physique de la vie sociale a contribué à mettre en relief l'aspect formel et non plus normatif de la vie économique.

Aristote, suivi par saint Thomas, voyait dans le besoin humain le fondement de la valeur économique d'échange et l'idée médiévale de juste prix est indissociable d'un mécanisme de marché, impliquant un calcul des coûts, en particulier ceux du travail. C'est encore cette conception de la valeur/besoin que développe, par exemple, Turgot, en 1769, dans un projet d'article sur les «Valeurs et monnaies» [1], mais il en va autrement avec Adam Smith

[1] TURGOT, *Ecrits économiques*, Calmann-Lévy 1970, pp. 233–250. Après avoir montré l'impossibilité d'une mesure de la valeur par un fractionnement des «facultés de l'homme» employées à satisfaire les besoins, Turgot poursuit: «Il est donc impossible d'exprimer la *valeur* en elle-même; et tout ce que peut énoncer à cet égard le langage humain, c'est que la *valeur* d'une chose égale la *valeur* d'une autre. L'intérêt apprécié ou plutôt senti par deux hommes, établit cette équation dans chaque cas particulier, sans qu'on ait jamais pensé à *sommer* les facultés de l'homme pour en comparer le total à chaque objet de besoin.» p. 247. Les théoriciens de la

pour qui la quantité de travail devient la mesure directe de la valeur d'échange en ce sens qu'une richesse économique «est précisément égale à la quantité de travail» permettant de l'obtenir [1].

Ricardo reprit l'idée de Smith à son compte et Marx fait de cette théorie de la valeur/travail le centre de son analyse critique du capitalisme [2].

Cette conception, qui fut abandonnée par les économistes non marxistes à partir des années 1870 [3], a une portée philosophique et sociologique qu'il convient d'examiner.

La théorie quantitative de la valeur/travail qui domina la pensée économique pendant environ un siècle traduit en effet une conception physique et non plus éthique de la vie économique liée, pour une part, à la révolution industrielle. En un siècle environ (1688–1770), la population de l'Angleterre était passée de 5,5 à 7,1 millions d'habitants et *le revenu national per capita* de 9 à 19,1 livres [4]. Sans être aussi spectaculaire, la progression française

Valeur/travail s'efforceront précisément de «sommer» les facultés de l'homme converties en heures de travail, elles-mêmes mesure de la valeur (travail nécessaire socialement, dira Marx).

[1] Adam Smith, The *Wealth of Nations,* B. I, ch. 5, Edit. Cannan, University Paperback, p. 35.

[2] David Ricardo, *The Principles of Political Economy and Taxation* (1817) parle du travail comme le «fondement de toute valeur», (ch. I, sect. 2 Everyman, p. 11), tout en soumettant l'estimation des différentes qualités des travaux au jeu du marché. Marx introduira dans le schéma ricardien – lui-même inspiré d'A. Smith – d'autres notions comme celle de «force du travail» (Arbeitskraft) mesurée par la quantité de biens (et donc d'heures de travail) nécessaires à son entretien.

[3] Théorie de l'utilité marginale: Jevons et Menger (1871).

[4] Paul Bairoch, *Révolution industrielle et sous-développement.* Quatrième édition, 1974, p. 271.

était substantielle et c'est dans ces deux pays que les économistes commencèrent à déployer leurs talents. Le fondateur du courant physiocratique, Quesnay, avait déjà eu l'idée de mettre l'économie en tableau et de chiffrer la production pour être en mesure de la contrôler. Plus tard l'Anglais Ricardo «enveloppa» l'économie politique dans des calculs et l'installa avec autorité dans des schémas que Sismondi dénonça au nom de la réalité humaine et très précisément de la souffrance ouvrière mise entre parenthèses au cours de ces raisonnements logiques. L'économie politique devenait une science sur le modèle de la physique. On eut recours à une unité de valeur d'échange calculée en travail à un moment où le salariat industriel prenait une importance croissante. L'insistance d'A. Smith sur le travail comme unique mesure universelle de la valeur économique est le résultat d'une observation empiriste de la vie commerciale et industrielle débouchant sur la construction d'un modèle explicatif des échanges et de l'accumulation des richesses. Tout est examiné du point de vue de la cause efficiente: comment produire plus de richesses consommables? Pour accroître la productivité du travail, il demande que l'Etat s'abstienne d'intervenir et fait confiance à la «main invisible» mue par les innombrables intérêts individuels dont la résultante est bénéfique à l'ensemble. Mais, pour ne pas entraver ce mécanisme automatique, il faut en saisir les conditions, en comprendre les rouages. Cette œuvre scientifique exige une unité de valeur qui n'est ni celle des mercantilistes (argent), ni celle des physiocrates (produit agricole), mais la force du travail. Cette énergie fait marcher l'appareil économique qui peut ainsi se développer conformément à des lois naturelles.

Le pourquoi de la vie économique des nations ne se pose même plus, il est simplement entendu que ce qui sera produit doit être consommé et que plus le niveau est élevé, plus la consommation sera forte et mieux le système fonctionnera.

La critique de Marx part de cette analyse pour mettre en cause le système social lui-même.

Plusieurs passages des *Grundrisse* (1857–58) résument admirablement son approche [1].

Après avoir distingué le caractère particulier d'un travail qui en tant que tel, n'a qu'une valeur d'usage, non sociale, et le caractère général ou universel de ce même travail dès qu'il donne lieu à un échange dont la valeur

[1] «Considéré dans l'acte même de la production, le travail de l'individu est la monnaie avec laquelle il achète immédiatement le produit, l'objet de son activité particulière... Pour être immédiatement la monnaie universelle, il faudrait qu'il soit d'emblée du travail général et non du travail particulier... Le caractère collectif de la production rendrait le produit d'emblée collectif et général» dès lors ce produit «*n'est pas une valeur d'échange;* il n'a pas à prendre une valeur particulière avant d'acquérir un caractère de généralité pour l'individu. Au lieu de la division du travail qui s'effectue nécessairement dans l'échange des valeurs, il y a organisation du travail, qui a pour effet la participation de chacun à la consommation commune... Une fois supposée une production communautaire, la détermination du temps reste bien entendu essentielle... Comme pour un individu isolé, la plénitude de son développement, de son activité dépend de l'épargne de son temps. Economie de temps à laquelle se réduit finalement toute économie. La société doit répartir son temps rationnellement en vue de réaliser une production conforme à ses besoins, tout comme l'individu doit diviser le sien avec exactitude pour acquérir des connaissances dans des proportions convenables, ou pour donner une place suffisante aux différentes tâches qui s'imposent à son activité.» K. Marx, *Œuvres* II (Pléiade), p. 224–6. Ces pages ont le mérite, rare, de présenter un parallèle entre l'économie capitaliste et celle de la société communiste à propos de laquelle l'auteur du *Capital* se montre en général excessivement discret par contraste avec les utopistes.

économique est mesurée par le temps de travail socialement nécessaire à sa production, Marx fait remarquer que, sous le régime capitaliste, la valeur d'échange qui seule réalise dans ce contexte la sociabilité de l'homme, est matérialisée par l'argent qui permet aux possédants d'exploiter les ouvriers. Le résultat de ce système d'appropriation privée des moyens de production est la matérialisation de l'activité économique de l'homme et par elle de toute sa vie sociale. En revanche, dans une société communiste, cette matérialisation disparaîtrait en même temps que la valeur d'échange elle-même. Les échanges, en effet, perdent leur sens dans un travail purement communautaire où chacun des participants de la production générale participent directement et sans échanges à l'usage des biens produits. Le temps dès lors n'est plus une mesure de la valeur, mais un simple instrument pour le calcul planifié des biens en fonction des besoins évalués pour la société tout entière comme s'il s'agissait d'un individu prévoyant son emploi du temps. De l'homme isolé produisant des biens pour son propre usage, sans échanges, on est passé à un «être générique» ou homme social, dont les besoins sont planifiés sans donner lieu à des échanges, ceci postérieurement à une phase capitaliste caractérisée précisément par la valeur d'échange génératrice de luttes, d'exploitation conduisant nécessairement à sa ruine selon un processus dialectique emprunté à la logique de Hegel.

Au début du XIXe siècle, l'industrialisation avait donné naissance à un prolétariat d'un genre jusque-là inconnu produisant la richesse à un rythme fabuleux sans en profiter, ou, pour mieux dire, payant littéralement de sa vie la production de biens matériels destinés à d'autres. C'est lui que les socialistes, et notamment Marx, ont sous les yeux en dénonçant les injustices du capitalisme libéral.

Un texte peu connu de Sismondi publié en 1834, mérite d'être cité ici :

« C'est... cette participation du pauvre aux avantages d'une civilisation progressive, qui nous paraît le but vers lequel doit tendre avant tout autre l'économie politique, but complètement négligé, complètement manqué par l'école que nous nommons chrématistique, but dont les sociétés modernes s'éloignent chaque jour davantage au lieu de se rapprocher... Cette classe d'ouvriers auxquels on a rendu de nos jours le nom usité par les Romains, de prolétaires, comprend la partie la plus nombreuse et la plus énergique de la population des grandes villes... Les prolétaires sont déshérités de tous les bienfaits de la civilisation : leur nourriture, leurs vêtements, leurs logements sont insalubres ; aucun délassement, aucune joie, si ce n'est de rares orgies, n'interrompent leurs monotones travaux ; l'introduction des merveilles de la mécanique dans les arts, loin d'abréger leurs heures de travail, les a allongées ; aucun temps ne leur est laissé pour leur propre instruction ou l'éducation de leurs enfants... et l'ordre social qui les menace pour l'avenir d'une condition pire encore, est pour eux un ennemi à combattre et à détruire. Ce n'est pas tout, au moment où leur détresse augmente, ils voient la société succomber en quelque sorte sous le poids de son opulence matérielle, tout leur manque, et de toutes parts leurs yeux sont frappés de ce qui surabonde partout. Et en même temps, l'instruction qu'on ne leur donne pas, arrive cependant aux grands rassemblements d'hommes ; des principes plus relevés sur la destination de la race humaine se répandent, un sentiment de liberté, d'égalité, fermente dans leurs cœurs, ils savent qu'ils ont des droits qui sont violés, qui sont envahis, et

l'ignorance même de la nature et des limites de ces droits augmente leur ressentiment et le danger dont leur victoire menacerait tous les autres ordres; enfin ils ont acquis, dans le cours de ces dernières années, la vaillance, un puissant sentiment d'honneur et la confiance en eux-mêmes qu'on ne trouvait point autrefois dans les rangs inférieurs de la société». [1]

Un lien entre la théorie de la valeur-travail et le libéralisme peut être expliqué sociologiquement par une dislocation des structures sociales faute d'un bien commun d'ordre éthique que l'Etat renonça à assumer dans le domaine de la vie économique. Sans projet politique reconnu, une société n'est plus qu'un amalgame, un «partnership» [2] où chacun a la position que lui assure une force ou une faiblesse mesurée dorénavant en travail. Les cadres sociaux et politiques traditionnels ébranlés par la double révolution politique et industrielle avec ses conséquences spirituelles et matérielles ne furent pas remplacés immédiatement et cette situation contribua à dénaturer l'économie en chrématistique (capitalisme) et nourrit mille idéologies contraires.

La conception quantitative de la valeur/travail chez A. Smith est typique d'une mentalité visant à privilégier l'accroissement de la richesse matérielle dans le cadre d'un système économique mesurable formé d'une *somme* d'individus. Cette théorie dépolitisée de l'économie est transformée par Marx en ce sens qu'il réintroduit le finalisme et développe une conception «générique» de la

[1] SISMONDI, «Du sort des ouvriers dans les manufactures» in *Revue mensuelle d'Economie politique*, juillet et août 1834.

[2] Voir YVES SIMON, *Philosophy of Democratic Government*, 1951, Phoenix Edition 1961, p. 64.

nature humaine, qui fait de la classe, puis de la société dans sa totalité l'acteur essentiel. La main invisible d'A. Smith était un être de raison, une logique immanente, celle de Marx s'est matérialisée dans le prolétariat et doit devenir, provisoirement, une poigne de fer avec la dictature du prolétariat, pour ensuite disparaître lorsque, l'Etat devenu inutile, la spontanéité reprendra ses droits dans la société communiste de l'avenir. Travail ou «travail socialement nécessaire», la mesure de la valeur reste dans les deux cas liée à un mécanisme productif sans référence éthique, soit par ignorance délibérée du politique, soit par sa réduction déterministe (superstructure).

L'insistance exclusive sur l'idée quantitative de la valeur/travail serait ainsi liée à un abandon d'une philosophie de la politique et de l'économie remontant à Aristote et reprise par les médiévaux. Dans cette perspective, on l'a vu, l'économie reste sous la mouvance du politique parce qu'elle vise non pas à l'accumulation de biens, mais à la satisfaction de besoins humains, toujours porteurs d'une signification éthique. «Les idées, justes ou fausses, des philosophes de l'économie et de la politique, écrivait Keynes, ont plus d'importance qu'on ne le pense en général. A vrai dire, le monde est presque exclusivement mené par elles» [1].

B. L'utilité marginale et le dualisme de l'économie politique

Lorsque Jevons (1835–82), un des plus grands économistes selon Schumpeter, publia sa *Theory of Political Economy* (1871), on peut dire qu'il inaugura une phase

[1] J. M. Keynes, *Théorie générale de l'emploi, de l'intérêt et de la monnaie* (1936) (trad. Payot, 2e édition, 1971, p. 376).

nouvelle dans l'histoire de l'analyse économique caractérisée notamment par l'application des mathématiques à la notion de valeur. «J'ai été bien souvent surpris, indique-t-il dans sa préface de 1871, de constater avec quelle évidence quelques-unes des plus difficiles notions, et en particulier la plus déconcertante de toutes, celle de la valeur, se prêtent à une analyse et à une expression mathématiques» [1]. Il suggère d'abandonner définitivement l'expression de *Political Economy* pour ne retenir que celle *d'Economics* considérée comme une science mathématique mesurant la valeur, non pas en terme de travail, à l'instar des classiques, mais en terme d'utilité dont dépend entièrement, selon lui, la valeur («Value depends entirely upon utility»). Il s'agit d'un calcul du degré final d'utilité traduisant une recherche du maximum de plaisir, au sens où l'entendait Bentham, obtenu avec le minimum de peine [2].

Le besoin se trouvait à nouveau placé au centre de la théorie de la valeur, mais la formalisation mathématique adoptée stérilisait la dimension politique que le besoin humain impliquait nécessairement dans la perspective d'Aristote et de ses successeurs. L'école autrichienne, fondée par Menger [3], qui était familiarisée avec la tradition aristotélicienne, critiqua cette mathématisation du besoin économique, sans pourtant s'intéresser à l'aspect éthique et politique de l'économie [4].

[1] W. S. Jevons, *The Theory of Political Economy* (1971) – Pelican Books, 1970, p. 44.

[2] *Ibidem*, p. 93.

[3] Carl Menger, *Grundsätze der Volkswirtschaftslehre* (1871).

[4] Menger avait rédigé un historique de la valeur d'usage d'Aristote à Schäffle, cf. E. Kauder, *L'utilité marginale* (1973, original américain

Il résulta de cette non-considération du politique dans l'analyse économique, qu'elle fût de type mathématique ou purement psychologique, un dualisme de plus en plus sensible de la science économique dont l'œuvre de L. Walras [1] est l'illustration classique avec d'une part une «économie pure», mathématique, et d'autre part, une «économie sociale» placée «sur le terrain des faits, de la réalité, de l'imperfection» [2]. La science opposée à l'opinion (arbitraire). On voit ainsi qu'il ne suffisait pas d'abandonner la notion classique de valeur/travail et de mettre la valeur/besoin au centre de l'analyse économique pour renouer avec la tradition aristotélicienne. Celle-ci exigeait encore de replacer l'économie dans son cadre politique afin d'éviter un dualisme de type mathématique ou psychologique, excluant la dimension éthique et politique.

On passait cependant d'une économie politique matérialisée en conséquence de la notion quantitative de la

1965). Nous avons pris connaissance de cette remarquable étude après la rédaction de ce livre. L'importance théorique de l'école autrichienne, si bien mise en valeur par E. Kauder, ne fait ici l'objet que d'une brève allusion. On remarquera toutefois que les Autrichiens n'ont retenu d'Aristote que son approche psychologique du besoin et non la dimension politique de l'économie qui, pour le Stagirite, en était indissociable. En ce sens c'est Keynes et non Menger qui est le plus fidèle à l'auteur de l'*Ethique à Nicomaque* et à sa conception architectonique de la politique.

[1] L. Walras, *Eléments d'économie politique pure* (1874-7) et *Etudes d'économie sociale* (1896). Cf. M. Bonson, *Léon Walras, fondateur de la politique économique scientifique* (1951), p. 319.

[2] Schumpeter, qui pensait que Walras était le plus grand économiste de tous les temps (the greatest of all economists), ne retient pour sa part que le grand accomplissement (great achievement) des *Eléments d'économie pure*, soit la pure science mathématique de l'économie. *History of Economic Analysis*, 1954, p. 828.

valeur/travail à une incontestable dématérialisation de l'économie centrée sur le besoin humain.

La synthèse d'Alfred Marshall dont les *Principles of Economics* datent de 1890 consolida les renouvellements de l'école marginaliste et offrit une authentique théorie des besoins économiques (Livre III) qui, pour l'essentiel, reste valable aujourd'hui encore: «Utilité est considérée ici comme corrélative à désir ou à besoin. On a déjà montré que les désirs ne peuvent être mesurés directement, mais seulement d'une manière indirecte grâce aux phénomènes extérieurs auxquels ils donnent naissance. Dans le cas de l'Economie, cette expression extérieure permettant une mesure est le prix qu'une personne est prête à payer pour obtenir la satisfaction de son désir» [1].

Cette théorie, dont le principe semble être directement tiré de l'*Ethique à Nicomaque* est considérablement développée par l'économiste anglais qui met à contribution tous ses prédécesseurs, notamment les classiques et y ajoute son propre génie synthétique. Entre ses mains, le dualisme entre la science pure, de caractère mathématique, et la politique économique et sociale s'atténue singulièrement par une reconnaissance de l'importance du facteur éthique. Toutefois, ce dernier n'est, selon A. Marshall, qu'un des éléments dont l'économiste doit tenir compte. La «science pure» qui étudie l'équilibre des besoins et de leurs coûts (efforts) mesurés en monnaie est, selon Marshall, la plus typique, ce qui le conduit à préférer, comme Jevons, l'expression *Economics* à *Political Economy*. Dualisme atténué, mais dualisme tout de même

[1] A. Marshall, *Principles of Economics*, 8e édition, 1920, Macmillan 1961, p. 78.

qui caractérise aujourd'hui la science économique partagée entre une approche purement mathématique et des perspectives proprement sociales et politiques [1].

Cet aperçu sommaire de la pensée économique sur la valeur d'échange chez les marginalistes de la fin du XIXe siècle doit être situé dans son contexte sociologique que l'on peut caractériser, en particulier, par deux traits fondamentaux, savoir une prise de conscience du rôle de la politique dans la vie économique et les transformations des conditions de la production (grandes unités industrielles).

L'importance de plus en plus évidente du politique dans la vie économique a fait l'objet, dès 1884, d'une dénonciation indignée venant d'un sociologue témoin de l'interventionnisme croissant de l'Etat dans la patrie par excellence du libéralisme au XIXe siècle: «Comment expliquer, demande H. Spencer, que les libéraux au fur et à mesure qu'ils accèdent au pouvoir, édictent une législation de plus en plus coercitive?» [2]

Comment expliquer, se demande ensuite cet auteur, que la poursuite du bien commun par les libéraux soit maintenant de plus en plus dépendante d'un interventionnisme «dictant les actions des citoyens, et diminuant ainsi le domaine de leur libre activité?» [3] Au même moment, Bismarck introduisait en Allemagne une législation sociale extrêmement nouvelle et ambitieuse (1883–89) qui est à l'origine des grands systèmes modernes de

[1] Nous nous bornons à constater ici une réalité sans en discuter le fondement philosophique pour lui-même, mais seulement dans la mesure où il éclaire la sociologie de cette analyse de l'économie.

[2] Herbert SPENCER, *The man versus the State* (1884) Pelican Classics, 1969, p. 67.

[3] *Ibidem.*

sécurité sociale [1]. Ce retour du politique rendait moins probante une analyse de l'économie d'un point de vue purement mécanique avec la notion quantitative de valeur/travail comme unité de mesure de la valeur d'échange; par ailleurs, les prodigieux succès technologiques dus à la rationalisation et à l'application des sciences invitaient à une approche également scientifique en économie. Le dualisme entre la science pure mathématique et la politique économique et sociale s'est ainsi trouvé favorisé et le point de rupture a été précisément la notion de valeur d'échange. On redécouvrit le «besoin» comme centre de la vie économique, mais on trouva le moyen de le mesurer mathématiquement (utilité finale). Selon les auteurs, la dissociation entre l'analyse des besoins avec toutes leurs implications politiques et les modèles empiriologiques à base mathématique destinés à les mesurer a pris respectivement une place plus ou moins grande comme on l'a vu à propos de Jevons, Walras et Marshall. Cependant dans tous les cas, la notion quantitative de la valeur/travail est abandonnée.

C. Vers un retour de l'intention politique en économie

L'œuvre de Keynes et, très précisément, la *Théorie générale,* offre un exemple particulièrement éclatant du retour de la politique dans la théorie économique en ce sens que le projet central de l'auteur n'est pas l'analyse pure, mais la solution à une situation sociale concrète: le chômage structurel.

[1] Ces questions ont été abordées dans notre ouvrage: *L'Age de la politique sociale* (1978) p. 84 et s.

«Le but ultime de notre étude, écrit Keynes, est la découverte des facteurs qui déterminent le volume de l'emploi» [1]. L'ouvrage est une théorie de l'action gouvernementale capable de modifier des comportements économiques en restant dans le cadre de l'économie de marché. La conception de la valeur/besoin n'est pas mise en cause, en revanche, les modalités qui affectent l'expression économique des besoins (propension à consommer) et le rôle de la monnaie (théorie qualitative) sont réexaminés et leur interprétation profondément renouvelée dans une perspective politique: «L'élargissement des fonctions de l'Etat, qu'implique la responsabilité d'ajuster l'une à l'autre la propension à consommer et l'incitation à investir semblerait à un publiciste du XIXe ou à un financier américain d'aujourd'hui une horrible infraction aux principes individualistes. Cet élargissement nous apparaît au contraire et comme le seul moyen possible d'éviter une complète destruction des institutions économiques actuelles et comme la condition d'un fructueux exercice de l'initiative individuelle» [2].

Du côté socialiste, le fait décisif est l'instauration de régimes socialistes se réclamant de Marx et de sa théorie économique. On a déjà noté que, pour Marx, la valeur d'échange mesurée par le travail ne vaut qu'en régime capitaliste. Dès que la production prend un caractère collectif, il n'y a plus de «travail particulier» origine de la valeur d'échange. La consommation est communautaire. La seule question est d'organiser le temps dont la

[1] J. M. Keynes, *op. cit.* p. 107.

[2] J. M. Keynes, *op. cit.* p. 373. Cf. l'analyse de «l'idéologie keynésienne» par Harry G. Johnson, in *Economics and Society,* 1975.

société dispose en vue de réaliser une production conforme à ses besoins. « Seule une société qui engrène harmonieusement ses forces productives... selon les lignes grandioses d'un plan unique, précise Engels, peut permettre à l'industrie de s'installer à travers tout le pays, avec cette dispersion qui est la plus convenable à son propre développement et au maintien ou au développement des autres éléments de la production » [1]. Un peu plus loin, il ajoute : « Ce sont, en fin de compte, les effets utiles des divers objets d'usage, pesés entre eux et par rapport aux quantités de travail nécessaires à leur production qui détermineront le plan. Les gens règleront tout très simplement sans intervention de la fameuse valeur » [2]. C'est la fin de l'économie politique (Boukharine) et même de la « Théorie économique » (Preobrajenski). Aucun manuel d'économie politique générale ne parut en URSS de 1928 à 1954, a-t-on fait remarquer [3] et, dans son dernier ouvrage sur les problèmes économiques du socialisme (1952), Staline exclut l'application de la loi de la valeur dans le secteur planifié, en revanche, elle reste applicable selon lui au monde rural et à la consommation. Dans le secteur planifié, l'organisation rationnelle de la production relève de la politique (économique) et non de l'économie politique, tel est le dernier mot de Staline sur la question [4]. Cette politique consiste en principe à utiliser le temps de travail collectif disponible qui reste théori-

[1] ENGELS, *Anti-Dühring* (1878), Ed. soc., p. 335.

[2] *Ibidem*, p. 349.

[3] A. NOVE, *L'Economie soviétique* 1963 (original anglais, 1961), p. 403. Cet ouvrage excellent comporte une discussion approfondie des différentes thèses en présence dans les années qui suivirent la mort de Staline.

[4] *Ibidem*, p. 406.

quement la seule source objective pour la fixation des prix, le besoin n'ayant qu'un caractère subjectif et non scientifique.

En fait, le système fonctionne grâce à la décision politique qui fixe *a priori* quels types de besoins seront pris en considération, ce qui rend inutile le recours à d'autres définitions de la valeur que l'estimation (subjective) des dirigeants, et le travail n'a qu'un lointain rapport avec le niveau des prix et donc aussi des revenus. En un sens imprévu, la valeur/besoin s'est donc introduite au cœur de la planification soviétique, mais, au lieu de donner lieu, comme en économie de marché, à une évaluation subjective des consommateurs plus ou moins conditionnés – parfois intoxiqués – par la publicité, elle est le fait d'une minorité dirigeante qui décide du plan [1].

«Déterminer le niveau des besoins globaux-idéaux, ainsi que leur évolution, telle est donc la première condition de la gestion concertée des producteurs associés» [2],

[1] Economiste soviétique de renom (il est vice-président de l'Académie des sciences), A. ROUMIANTSEV, après avoir affirmé que la thèse: «L'évaluation des dépenses en travail unitaire par le temps de travail moyen socialement nécessaire est une nécessité objective de la production sociale socialiste (communiste)» était la «*loi économique* de l'utilisation collective rationnelle, économique, coordonnée à l'échelle de toute la société, du travail des codétenteurs des moyens de production», déclare, deux pages plus loin, que «La société socialiste doit faire en sorte que les objets soient produits, non seulement conformément à la norme du temps de travail socialement nécessaire, mais aussi *proportionnellement* aux besoins sociaux». *Economie politique du communisme,* Edit. de Moscou 1969 (original russe 1966), p. 252 et 254. Comment résoudre, sans marché, la question, sinon en *décidant* des besoins acceptables et en renonçant à une «loi économique» en contradiction avec le progrès technique qui tend à diminuer la part du travail dans la production!

[2] *Réforme économique en URSS*, Editions du progrès, Moscou 1974 par différents auteurs, p. 31 (A. Roumiantsev).

écrit un auteur soviétique dans un ouvrage sur la réforme économique où l'on fait remarquer par ailleurs qu'aujourd'hui, «il est impossible de fixer des prix perspectifs par extrapolation ou gel des prix courants», d'où la réforme qui doit permettre, en ce qui concerne la formation des prix, une extension des droits de l'entreprise rendue possible, en particulier, «grâce au rôle accru des consommateurs dans ce domaine...» [1] Quitte à prévoir des subventions systématiques de l'Etat pour les produits de première nécessité dont les prix resteraient trop élevés.

La réforme économique de 1965 tend donc, notamment, à restituer aux consommateurs eux-mêmes la détermination de la «valeur» (prix) en fonction de leurs besoins (subjectifs), décidés jusque-là d'une manière globale-idéale, ou mieux, globale-réelle, compte tenu des ressources, mais se rapprochant asymptotiquement de la première [2].

Parallèlement à cette évolution en URSS [3], les remises en cause de la société de consommation à l'Ouest et la critique de l'exploitation du «public» par le «privé» ont donné lieu à des projets de réformes réhabilitant l'intérêt général par le recours au plan: «La solution, écrit Galbraith, est de reconnaître la logique du plan avec ce que cela implique de coordination impérative. L'Etat doit être organisé de manière à anticiper les disparités et à assurer une croissance équilibrée... Il importe d'établir une autorité responsable de la planification, elle-même placée sous le contrôle du législatif. C'est ici, en effet, que se posera le plus délicat problème pour l'autorité,

[1] *Ibidem*, p. 53 (P. Bounitch).

[2] *Ibidem*, p. 31.

[3] Evolution des méthodes de planification économique, mais non de l'idéologie.

savoir élaborer un plan qui reflète non l'avis du planificateur, mais l'intérêt commun. La constitution de l'organisme planificateur, exigée par la structure actuelle de l'économie, est la tâche qui vient aussitôt après, par ordre d'importance, dans ce projet économique (economic design)» [1].

On a souvent dénoncé l'intervention croissante de l'Etat comme une marche vers le socialisme [2], mais l'interprétation contraire a aussi ses partisans: «En régularisant le mouvement ascensionnel de l'économie, écrit L. Reynolds, et en accordant des avantages substantiels aux catégories à bas revenu de la population, (ces interventions) lient celles-ci plus solidement à l'ordre social existant» et il ajoute: «Le pronostic le plus vraisemblable pour les économies capitalistes n'est pas le bouleversement révolutionnaire, mais plutôt «davantage la même chose», poursuite de la croissance économique, poursuite de la rationalisation de la politique économique, poursuite du mouvement de redistribution des revenus et du pouvoir politique, davantage de consensus à propos de ce qu'une économie industrielle moderne peut offrir de désirable» [3]. Dans son optimisme, l'auteur pourrait pourtant bien oublier ce que Tocqueville analysa avec tant de perspicacité: «Ce n'est pas toujours en allant de mal en pis que l'on tombe en révolution... Le mal qu'on souffrait patiemment comme inévitable semble insuppor-

[1] J. H. Galbraith, *Economics and the Public Purpose,* 1973 (Signet 1975, p. 307).

[2] Cf. W. Röpke, *Civitas Humana,* 1944 et F. A. Hayek, *La Route de la servitude* (1943).

[3] L. Reynolds, *Les trois mondes de l'économie* (1975), p. 63 (original américain 1971).

table dès qu'on conçoit l'idée de s'y soustraire... le mal est devenu moindre, il est vrai, mais la sensibilité est plus vive» [1]. La contestation pourrait ainsi fournir une certaine «sécurité» à condition de rester dans certaines limites au-delà desquelles le «consensus» n'est plus pensable. Il reste malheureusement une troisième voie entre la révolution et le consensus, savoir la décadence par dislocation débouchant éventuellement sur le totalitarisme ou l'annexion.

L'économie «idéologique» des marxistes contraste avec la dépolitisation des économistes libéraux, pourtant, ils ont en commun une conception foncièrement matérialiste de la vie économique dont on trouve l'expression ultime chez les théoriciens de l'économie purement mathématique à l'Est et l'Ouest. On touche ici un problème très délicat, qui est celui du statut de la science économique et de ses rapports avec la philosophie et les mathématiques. Incontestablement, les magnifiques réalisations de la science économique moderne sont liées à l'emploi des méthodes quantitatives. Toutefois, le dualisme qui s'est créé entre l'économie et la philosophie sociale a provoqué, tantôt un rejet du politique, tantôt une politisation extrême dont l'expression paradoxalement la plus nette est certainement fournie par le matérialisme historique [2].

[1] A. DE TOCQUEVILLE, *L'ancien régime et la révolution* (Edit. 1966, p. 259).

[2] Paradoxalement, puisque pour Marx, le politique n'est qu'une superstructure de l'économie. Que l'aspect politique revête une importance décisive dans le cadre du régime capitaliste en vue de la conquête de l'Etat, puis temporairement, pendant la dictature du prolétariat appelé à s'emparer du pouvoir, serait conforme au projet marxien, mais que, dans une société socialiste sur le point d'instaurer le communisme, ce qui implique la disparition de l'Etat, une importance aussi énorme soit donnée au facteur politique pose un problème. L'économie politique

Il n'est pas impossible qu'un retour à certaines notions fondamentales d'un philosophe grec connu, puisse rendre service, notamment celle d'une subordination de l'économique à la politique et de cette dernière à une philosophie de l'homme, disons à une anthropologie assez réaliste pour ne sacrifier ni l'esprit, ni la matière que cet esprit «informe». En d'autres termes, l'économie humaine ne peut être analysée comme une réalité purement physique, mais comme une vie dont les déterminismes statistiques laissent place à une dimension politique, œuvre de raison et de liberté. Dans ces conditions, ni l'utilitarisme libéral, quantifiant la valeur/travail, ou mathématisant l'utilité marginale, ni le matérialisme historique, ramenant toute valeur à un rapport de production, ne peuvent rendre compte du réel. La sociologie de l'économie se borne à décrire et à tenter d'expliquer ces situations historiques, elle n'est pas habilitée à préconiser une solution, c'est la tâche du philosophe et de la politique qu'il inspire [1].

abolie et remplacée par la politique économique (Staline) devrait aboutir théoriquement à la pure distribution de la richesse collective. En fait, la pénurie oblige à retourner à l'économie (réforme de 1965), pénurie relative d'ailleurs et par comparaison avec le monde capitaliste. On ne peut retourner au capitalisme abhorré, reste donc l'économie idéologique qui n'est ni de l'économie au sens libéral, ni de l'économie politique, où le rôle de l'Etat est important, mais non exclusif.

[1] Cf. l'ouvrage remarquable de I. VIALATOUX, *Philosophie économique* (1933) et François PERROUX, *Pouvoir et économie,* 1973, qui propose «une théorie générale du pouvoir dans ses relations avec la vie économique» (p. 13).

Chapitre VI

Sociologie de la famille chez Aristote et Marx-Engels

On trouve chez Aristote, notamment dans l'*Ethique à Nicomaque, La Politique* et *Les Economiques,* des éléments d'une sociologie de la famille distincte – quoique non séparée – des analyses de morale individuelle et des considérations de science politique ayant un caractère normatif. C'est cette sociologie qui est confrontée à la sociologie marxiste de la famille, d'abord à peine esquissée dans les œuvres de Marx et d'Engels, puis trouvant une expression systématique et tardive dans l'*Origine de la famille, de la propriété privée et de l'Etat* (1884) qu'Engels publia un an après la mort de son ami. Engels s'appuie sur les travaux de l'anthropologue américain H. Morgan qui, selon lui, confirme dans ce domaine une interprétation matérialiste de l'histoire proposée par Marx quarante années auparavant, mais sans être appliquée «scientifiquement» à la famille.

On verra ici, successivement, l'analyse de la famille dans la sociologie aristotélicienne et, par contraste, l'approche marxiste chez les deux fondateurs du matérialisme historique, qu'on ne peut disjoindre dans ce domaine précis, compte tenu du fait que l'ouvrage le plus élaboré sur ce thème est signé d'Engels.

Les sources d'une telle sociologie se ramènent essentiellement aux livres I et VII de *La Politique,* VIII de *l'Ethique à Nicomaque* et I des *Economiques* [1].

L'importance accordée par Aristote à ce sujet est exprimée avec une force particulière dans un passage de *l'Ethique à Nicomaque,* où l'auteur affirme ceci: «L'amour entre le mari et la femme semble bien être conforme à la nature, car l'homme est un être naturellement enclin à former un couple, plus même qu'à former une société politique, dans la mesure où la famille est quelque chose d'antérieur à la cité et de plus nécessaire qu'elle, et la procréation des enfants une chose plus commune aux êtres vivants» (VIII, 14, p. 420). Si la société politique est plus parfaite, à ses yeux, que la société familiale, cette dernière n'en a pas moins un caractère plus fondamental, ce qui explique que son étude se place au début de *La Politique.* La même constatation vaut pour *Les Economiques,* qui mettent en évidence l'antériorité de l'économie domestique sur la société politique dans une perspective génétique: une cité est faite de familles (*Economiques* I, 2). Aristote évite, le plus souvent, de se placer sur le terrain historique; peut-être se souvient-il des spéculations platoniciennes sur l'origine des sociétés basées sur la croyance à de grandes catastrophes périodiques qui obligent l'humanité à recommencer son développement poli-

[1] La pagination des œuvres d'Aristote indiquée dans le texte renvoie aux traductions de J. Tricot (Edit. Vrin): *La Politique* (1962), *Ethique à Nicomaque* (1972), *Les Economiques* (1958).

tique, à partir des survivants dispersés en unités patriarcales (*Les Lois,* III, début). Il parle pourtant dans *La Politique* (I, 9, p. 57) des membres de «l'association primitive» qui «possédaient toutes choses en commun» et qui, une fois divisés en familles distinctes, «maintinrent la propriété commune pour de nombreux biens, et en répartirent d'autres, qui durent, selon les besoins, faire l'objet d'échanges réciproques, comme cela se pratique encore chez un grand nombre de nations barbares...» Nous ne sommes pas loin du communisme sexuel de la sociologie marxiste; toutefois, pour Aristote, l'association primitive n'est autre que la famille plus ou moins élargie. C'est elle «la première forme de communauté» (p. 57) et le village lui paraît être «une extension de la famille», ce qui expliquerait le caractère patriarcal des sociétés politiques primitives prolongeant d'une certaine manière le régime familial, où, selon Homère, «chacun dicte la loi à ses enfants et à ses femmes» (p. 27). Cette citation est celle que Platon avait utilisée dans son tableau des origines des sociétés, mais Aristote ne fait aucune allusion au mythe platonicien des origines (*Lois* III). Ceci n'empêche d'ailleurs pas le Stagirite de faire sienne la description qu'Homère trace du mode de vie des cyclopes qui, à l'en croire, vivaient en familles dispersées: «Tel était anciennement, commente Aristote, le mode d'habitation» (p. 27). Il faut ajouter aussitôt que cette antériorité de la famille n'est, aux yeux du philosophe grec, que d'ordre chronologique, car, selon lui, la famille, et à plus forte raison l'individu, ne sont pas destinés à rester isolés, et leur épanouissement exige une société politique. Cette finalité explique qu'à titre de but, la cité soit «par nature antérieure à la famille et à chacun de nous pris individuellement» (*P* I, 2, p. 30). Ce gland est chronologiquement antérieur au chêne futur, mais c'est la forme immanente «d'arbre en puissance» qui caractérise la graine au départ: c'est parce que le chêne est son «but» réel, en germe, que le gland est tel. Notons dès maintenant, que, pour la sociologie marxiste, on explique la naissance de la famille à partir d'un groupe primitif d'origine animale; la famille n'est plus dès lors chronologiquement antérieure à la société, mais bien son produit direct et, historiquement, elle n'est pas la graine initiale, mais une résultante. C'est l'évolutionnisme qui domine la perspective marxiste, tandis qu'avec Aristote, les espèces, aussi bien animales que végétales, sont éduites telles quelles de la matière, selon des cycles de génération et de corruption propres au monde physique. Le matérialisme historique, comme on l'a dit, insiste essentiellement sur les causes matérielle et efficiente *(comment)*, par contraste avec le rôle privilégié donné aux causes formelle et finale *(pourquoi)* de la sociologie aristotélicienne. Loin d'avoir affaire ici à de vaines subtilités, on a là des orientations décisives dont les conséquences proches et lointaines sont considérables. L'homme est considéré comme *animal social* chez Marx, c'est l'homme générique *(Gattungswesen)* et comme *animal politique,* chez Aristote, qui voit son achèvement rationnel, non pas seulement dans l'activité extérieure (production sociale), mais aussi dans une activité théorétique (contemplative) qui ne peut être que personnelle.

A côté des questions posées par l'origine de la famille, Aristote traite à différentes reprises de la nature du groupe familial restreint formé par l'homme, la femme et les enfants. Il remarque que, chez les animaux, la communauté ne va pas au-delà de la procréation, ceci contrairement à la cohabitation de l'homme et de la femme qui n'a «pas seulement pour objet la reproduction, mais s'étend à tous les besoins de la vie: car la division des tâches entre l'homme et la femme a lieu dès l'origine, et leurs fonctions ne sont pas les mêmes; ainsi, ils se portent une aide mutuelle, mettant leurs capacités propres au service de l'œuvre commune» (*E. N.* VIII, 14, p. 420). Cette œuvre commune consiste à assurer la subsistance des membres de la famille (économique), à élever les enfants, du moins dans leurs premières années, car l'Etat devrait se charger de l'éducation à partir de l'âge de 7 ans (*Pol.* VII, 17, p. 546), et finalement à obtenir une vie heureuse, car «la coopération mutuelle de l'homme et de la femme a pour objet d'assurer non pas seulement l'être, mais aussi le bonheur». (*Econ.* I, 3, p. 23). Ce bonheur résulte normalement de l'utilité et de l'agrément de la coopération du couple et est lié à la qualité morale des époux capables de fonder une véritable amitié (*E. N.* VIII, 15, p. 421).

La critique du communisme sexuel platonicien se base, chez Aristote, sur des arguments qui relèvent aussi de la sociologie: en l'absence de familles, on aura une situation d'irresponsabilité ou anomique (Durkheim), car «tous les pères regarderont tous les enfants avec une égale insouciance» (*Pol.* II, 3, p. 90), faute de pouvoir fixer des «liens d'affection exclusive» qui donnent de la force aux sentiments humains. Dans un des livres les plus anciens de *La Politique* (VII), Aristote avait élaboré, dans un style assez platonicien, une politique familiale idéale, passablement détaillée, qui prétendait régler les conditions du mariage et des naissances, où l'analyse sociologique se trouvait complètement éclipsée par des considérations normatives qui ne brillaient d'ailleurs pas toujours par leur hauteur morale (infanticide, par exemple). Le changement de ton frappe d'autant plus dans le livre I, très vraisemblablement plus récent, et dans *Economiques I*. Toutefois, les considérations éthiques ne sont jamais complètement absentes de la sociologie d'Aristote qui, tout en cherchant à mettre en évidence les formes ou structures typiques de la réalité sociale, n'oublie pas qu'il s'agit d'un social *humain*, c'est-à-dire d'une réalité à dimension politique où la raison est à l'œuvre [1].

C'est en tenant compte des perspectives indiquées précédemment qu'il faut examiner la question des enfants dans la sociologie de la famille chez Aristote. Il est clair pour lui que le mariage est foncièrement axé sur la procréation, puisque c'est par le cycle des générations que «la nature arrive à réaliser la perpétuité de l'existence» dont seule (*Econ.* I, 3, p. 22) l'espèce est capable. Mais cette fonction naturelle, fondamentale, de la famille, n'est pas isolée; elle représente plutôt le centre d'un ensemble de fonctions, comme celle de défendre l'union conjugale elle-même. Les enfants, note Aristote, «constituent un trait d'union, et c'est pourquoi les époux sans enfants se détachent plus rapidement l'un de l'autre: les enfants, en effet, sont un bien commun aux deux et ce qui est commun maintient l'union» (*E. N.* VIII, 15, p. 421).

[1] Cette raison est placée sous la lumière des premiers principes indémontrables et oriente une volonté libre de choisir les moyens d'accéder au bonheur et finalement d'opter pour telle ou telle forme précise de bonheur (richesses, pouvoir, vertu). Le premier principe qui commande tous les autres peut se résumer en une phrase: «faire le bien, éviter le mal». A chaque catégorie de tendances et de besoins correspondent des principes particularisant le premier principe au niveau, par exemple, de la conservation de la vie, de la génération et de l'activité sociale et culturelle.

D'autre part, lorsque viendra la vieillesse, les parents trouveront normalement un soutien chez leurs enfants (*Econ.* I, 4, p. 22).

Indiquons que, selon les normes proposées par le Livre VII de *La Politique,* l'âge idéal du mariage serait de 18 ans pour la femme et de 37 ans, ou un peu moins, pour l'homme (VII, 16, p. 539), ceci précisément pour favoriser la naissance d'enfants sains. Le même auteur qui se montre très exigeant pour la fidélité conjugale des époux (*Pol.* VII, 16, p. 544, et *Econ.* I, 4, p. 24), dont la transgression est jugée «déshonorante, injuste et passible de dégradation civique» (atimie), n'hésite pas à préconiser la suppression des enfants anormaux. A l'égard du contrôle des naissances, sa position est résumée de la manière suivante: «dans le cas d'accroissement excessif des naissances (comme le niveau des mœurs s'oppose à l'exposition de tout nouveau-né), une limite numérique doit dès lors être fixée à la procréation, et si les couples deviennent féconds au-delà de la limite légale, l'avortement sera pratiqué avant que la vie et la sensibilité surviennent dans l'embryon: le caractère respectable ou abominable de cette pratique sera déterminé par l'absence ou la présence de la sensibilité et de la vie» (*Pol.* VII, 16, p. 543). On aura noté la parenthèse sur le «niveau des mœurs», facteur sociologique exerçant une influence, non, semble-t-il, sur la qualification morale, mais sur l'établissement de la loi positive. Quant au critère fixé pour déterminer quand un avortement passe du «respectable» à «l'abominable», il repose sur le respect de la «sensibilité et de la vie», formule vague qui s'éclaire lorsque l'on sait qu'à l'époque (platonicienne) du Livre VII, Aristote adoptait encore le dualisme âme/corps de l'auteur du *Timée* (69a–70a), qu'il abandonnera finalement au profit de la théorie de l'âme forme substantielle du corps *(De l'âme)*, sans d'ailleurs pouvoir résoudre les antinomies d'une âme «à la fois cause formelle du corps et principe subsistant et immatériel de la pensée [1]».

La structure de la famille, selon Aristote, n'est pas sans analogies avec les constitutions politiques: «Toute famille en effet, est régie dans la forme monarchique par le mâle le plus âgé» (*Pol.* I, 2, p. 26) et il pense même que les royautés de type patriarcal ont une origine familiale. Ce chef de famille n'aura pas les mêmes rapports «constitutionnels» avec les différentes catégories des membres de la communauté domestique. A l'égard de son épouse, on aura une amitié de type «aristocratique», chacun des époux recevant l'honneur hiérarchisé correspondant à sa valeur. Vis-à-vis des enfants, le chef de famille sera un roi paternel responsable de leur entretien et de leur éducation (*E. N.* VIII, 13, p. 415), mais deviendra «tyran» vis-à-vis de l'esclave considéré comme un simple «instrument animé» à l'instar des animaux domestiques. Les conceptions d'Aristote sur l'esclavage sont étudiées à propos de la sociologie politique et de l'économie; qu'il suffise ici de citer un passage des *Economiques* sur la libération préconisée de ces «instruments» dès lors appelés à un destin humain: «Il faut toujours assigner un terme au travail des esclaves», assure ici Aristote, qui s'explique ainsi: «Il est juste et avantageux, en effet, de poser devant eux la liberté comme prix de leurs peines, car les esclaves acceptent volontiers la fatigue quand ils ont une récompense en vue et que leur temps

[1] F. NUYENS, *L'Evolution de la psychologie d'Aristote* (1945), p. 318.

de servitude est limité» (*Econ.* I, 6, pp. 26–27). Cette règle fut mise en pratique par son auteur dont le testament, rapporté par Diogène Laerce, stipule l'affranchissement de ses propres esclaves [1].

Cette humanité contraste avec le caractère rigide et inflexible de certains développements théoriques, notamment au Livre I de *La Politique* où, selon les termes de M. Dufourny, le Stagirite érigeait «en nécessité et utilité absolues et universelles, une nécessité et utilité historiques et temporaires, issues d'un état économique passager dont il ne prévoit pas les transformations ultérieures» [2].

Pour conclure, il faut souligner le caractère évolutif de la formulation par Aristote des différents éléments d'une sociologie de la famille. A des étapes différentes du développement de l'ensemble de sa philosophie, il a abordé certaines questions relevant de la famille, tantôt à propos de la politique, tantôt de la morale individuelle et de la psychologie, et enfin en traitant des questions économiques. Il en résulte un tableau d'allure impressionniste avec des lacunes, des discontinuités et même des contradictions qu'il serait vain de nier. On discerne toutefois les orientations fondamentales concernant, par exemple, l'origine de la famille, sa structure monogamique et la place des enfants qui permettent de parler d'une véritable sociologie aristotélicienne de la famille qui n'a pas été radicalement mise en cause pendant plus de deux millénaires en Occident, sauf en ce qui regarde l'infanticide et l'esclavage, condamnés par l'esprit du Christianisme, sinon toujours par les chrétiens.

[1] Diogène LAERCE, *Vies, doctrines et sentences des philosophes illustres*, Garnier-Flammarion, T. I, pp. 232–233.

[2] M. DUFOURNY, *Aristote. Etudes sur «La Politique»* (1932), p. 38.

On va examiner, maintenant, dans le cadre de la sociologie marxiste de la famille, comment des orientations profondément différentes, nées à partir du XIXe siècle, ont été reprises et systématisées dans une synthèse qui, sans s'opposer toujours à la pensée d'Aristote, n'en est pas moins en contradiction évidente avec elle sur certains points fondamentaux.

Sociologie marxiste de la famille

Les sources d'une telle sociologie sont dispersées dans de très nombreux ouvrages de Marx et d'Engels et, pour commencer, dans le premier chapitre sur Feuerbach de *l'Idéologie allemande* (1845), rédigé par les deux fondateurs du matérialisme historique; on trouve aussi d'importants passages dans les *Grundrisse* (1857–58), mais ce n'est que tardivement et, pour être précis, après la parution de l'ouvrage de Lewis H. Morgan, *Ancient Society* (1877), que Marx et Engels pensèrent détenir la clef de l'histoire primitive de l'humanité. Engels relève le fait [1] et, dans une note de la troisième édition (1883) du *Capital* (Livre I), il fait remarquer, à propos d'un texte qui suggérait une antériorité historique de la famille sur la tribu, que «les études approfondies sur la condition primitive de l'homme ont plus tard conduit l'auteur à penser que, originairement ce n'est pas la famille qui s'est développée en tribu, mais inversement, que c'est la tribu qui a été la forme primitive et naturelle de l'association humaine fondée sur les liens du sang; c'est donc la dissolution des liens tribaux

[1] Préface à la deuxième édition d'*Anti-Dühring* (1885).

qui fut le point de départ du développement ultérieur des formes les plus diverses de la famille [1]».

Ce n'est qu'en 1884, dans *L'origine de la famille, de la propriété et de l'Etat* d'Engels, que la sociologie marxiste de la famille a été formulée de manière systématique. Est-ce dire que tous les travaux antérieurs sur ce thème, notamment ceux de Marx, mort l'année précédente, aient été rendus caducs? En partie seulement, parce que Marx avait accumulé des notes sur ce sujet depuis la parution de l'ouvrage de Morgan, qu'Engels utilisa dans son propre ouvrage et, d'autre part, la conception matérialiste de l'histoire étant commune à Marx et à Morgan, les découvertes de l'ethnologue américain pouvaient très aisément être intégrées dans une sociologie marxiste de la famille, comme le prouva d'ailleurs Engels. D'autres indices de cette affinité entre la théorie de Morgan et le marxisme sont fournis dans certains passages prémonitoires des *Grundrisse* (1857–58) et par l'enthousiasme de Marx pour la perspective évolutionniste s'inspirant de l'ouvrage de Darwin sur *l'Origine des espèces* (1859). En outre, la critique de la famille bourgeoise dans les différents écrits philosophiques, politiques et économiques de Marx apporte de nombreux éléments susceptibles de situer et parfois de compléter la synthèse tardive d'Engels, qui reste cependant l'ouvrage fondamental [2].

[1] Edition de la Pléiade, I, pp. 1664–1665.

[2] Les auteurs introduisant à la sociologie marxiste se dispensent parfois de traiter ce sujet, par exemple N. Boukharine, *La théorie du matérialisme historique, manuel de sociologie marxiste* (1921); V. Kelle, M. Kovalzon, *Le matérialisme historique, Essai sur la théorie marxiste de la société* (Moscou, 1972) et Henri Lefebvre, *Sociologie de Marx* (1974; Ire édition: 1966). Est-ce pour ne pas perdre de temps avec une institution destinée à disparaître ou par prudence politique, voire scientifique?

Dans la préface à la première édition de *L'origine de la famille* (1884), Engels commence par rappeler que Morgan «avait redécouvert, à sa façon, la conception matérialiste de l'histoire, découverte par Marx il y a quarante ans et que celle-ci l'avait conduit aux mêmes résultats que Marx sur des points essentiels» [1]. Cette conception matérialiste de l'histoire fait de la production et de la reproduction de la vie immédiate «le facteur déterminant, en dernier ressort, dans l'histoire» et la place de la famille est représentée par Engels dans le passage synthétique qu'il convient de citer ici [2]:

«Les institutions sociales sous lesquelles vivent les hommes d'une certaine époque historique et d'un certain pays sont déterminées par ces deux sortes de production: par le stade de développement où se trouvent d'une part le travail, et d'autre part la famille. Moins le travail est développé, moins est grande la masse de ses produits et, par conséquent, la richesse de la société, plus aussi l'influence prédominante des liens du sang semble dominer l'ordre social. Mais, dans le cadre de cette structure sociale basée sur les liens du sang, la productivité du travail se développe de plus en plus et, avec elle, la propriété privée et l'échange, l'inégalité des richesses, la possibilité d'utiliser la force du travail d'autrui et, du même coup, la base des oppositions de classes: autant d'éléments sociaux nouveaux qui s'efforcent, au cours des générations, d'adapter la vieille organisation sociale aux circonstances nouvelles, jusqu'à ce que l'incompatibilité de l'une et des autres amène un complet bouleversement. La vieille société basée sur les liens du sang éclate par suite de la collision des

[1] F. Engels, *L'origine de la famille* (1884) (Editions Sociales, 1974, p. 17).

[2] *Ibidem*, p. 87.

classes sociales nouvellement développées: une société nouvelle prend sa place, organisée dans l'Etat, dont les subdivisions ne sont plus constituées par des associations basées sur les liens du sang, mais par des groupements territoriaux, une société où le régime de la famille est complètement dominé par le régime de la propriété, où désormais se développent librement les oppositions de classes et les luttes de classes qui forment le contenu de toute l'histoire écrite, *jusqu'à nos jours»*.

Engels oppose donc la période où les liens du sang jouent le rôle essentiel, avec la période dominée par l'appropriation privée des moyens de production et son cortège de luttes des classes atteignant un paroxysme avec le capitalisme moderne, qui est la dernière étape avant la révolution communiste. On verra que le schéma de l'évolution familiale ainsi esquissée part de l'hypothèse d'un communisme sexuel primitif pour aboutir à l'union libre de la société communiste future, en passant par l'aliénation de la famille bourgeoise caractérisée notamment par l'indissolubilité légale du mariage, chacune de ses formes s'expliquant par le niveau des forces productives et le régime de leur appropriation.

La genèse de la famille dans la perspective d'Engels s'oppose donc à celle décrite par Aristote en ce sens que, pour la sociologie marxiste de la famille dans son expression tardive, le groupe familial est le produit du groupe tribal et non pas la cellule initiale. Il y a là un primat du *social* (instinctif) sur le *politique* (rationnel), qui traduit, dans ce domaine particulier, l'opposition entre structures (économiques) et superstructures (idéologiques). Pour les fondateurs du marxisme, l'homme est vraiment le produit de la société, non seulement parce que les individus sont indissociables des institutions sociales, mais aussi du fait qu'ils sont issus chronologiquement, et *avant tout usage de la raison,* d'un groupe primitif d'origine animale. De ce point de vue, le caractère social de l'homme est fondamentalement d'ordre instinctif. Avec Aristote, en revanche, l'homme, être rationnel dès l'origine, fonde une famille pour obéir à des motifs instinctifs très certainement, mais aussi, et plus typiquement, en fonction d'un projet rationnel qui aboutira finalement à la société politique elle-même. C'est en se basant sur les travaux d'H. Morgan qu'Engels, comme d'ailleurs Marx, dans ses notes et sa correspondance, défend l'idée de l'apparition tardive de la famille; cependant, ils ne l'auraient pas admise avec autant de promptitude et d'enthousiasme si elle n'avait pas été conforme au matérialisme historique. A ce propos, on peut noter que, dans un de ses premiers écrits: les *Manuscrits de* 1844, Marx exposait une conception naturaliste et humaniste fort proche, apparemment, d'Aristote, avec pourtant des réminiscences hégéliennes d'une tout autre orientation:

> «*Nous voyons,* écrivait-il alors, *que le naturalisme conséquent, ou humanisme, se distingue aussi bien de l'idéalisme que du matérialisme et qu'il est en même temps leur vérité qui les unit. Nous voyons en même temps que seul le naturalisme est capable de comprendre l'acte de l'histoire universelle* [1]».

Les influences d'Aristote et d'Hegel s'équilibraient alors, semble-t-il, chez le jeune Marx qui était encore en recherche: «*L'homme* est immédiatement *être de nature*»,

[1] Karl MARX, *Manuscrits de* 1844, Editions Sociales 1962, p. 136.

écrivait-il, mais aussi: «L'histoire est la véritable histoire naturelle de l'homme». Nature et Histoire, Aristote et Hegel: le matérialisme historique fournira, dès *l'Idéologie allemande* (1845), la solution proprement marxiste à ce grand débat, mais il faudra du temps à Marx et à Engels pour en tirer toutes les conséquences dans les différents domaines de la sociologie; c'est ainsi que, jusqu'aux *Grundrisse* (1857–58), Marx ne mettra pas en cause la théorie aristotélicienne de l'antériorité chronologique de la famille. Dans ce dernier ouvrage, en revanche, et avant même de connaître les études de Morgan, il esquisse en quelques lignes ce qui sera vingt ans plus tard la position définitive des fondateurs du marxisme: «Ce n'est qu'à travers le processus historique que l'homme se particularise. Primitivement, il apparaît comme un être générique, tribal, comme un animal grégaire – et nullement comme un *zoon politikon* au sens politique [1]».

Ceci montre bien les convenances existant, *avant toutes investigations ethnologiques,* entre le matérialisme historique et l'idée d'une antériorité historique du groupe tribal sur la famille. Ceci au point que l'abandon de cette hypothèse par l'anthropologie moderne[2], ou du moins de certaines

[1] *Principes d'une critique,* Ed. de la Pléiade, vol. 12, p. 337.

[2] Voir à ce sujet l'ouvrage un peu ancien, mais classique, de R. Lowie, *Traité de Sociologie primitive* (Ed. française, 1937, d'après une version, complétée par l'auteur, de *Primitive Society,* 1920), pp. 145 s. de la nouvelle édition, 1969. Une mise au point récente de Paul Mercier, *Histoire de l'Anthropologie* (P. U. F., 1971), qui affirme que «R. H. Lowie établit la vanité d'une recherche des origines, en faisant une critique définitive des idées de L. Morgan» (p. 127). A. Michel, dans *Sociologie de la famille et du mariage* (P. U. F., 1972), confirme l'abandon des théories de Morgan et d'Engels sur la «promiscuité primitive» et «l'évolutionnisme unilinéaire» (p. 34).

conclusions qui en avaient été tirées (communisme sexuel, par exemple), laissera la thèse marxiste inentamée aux yeux des disciples de Marx et Engels, qui dépendent moins de découvertes ethnologiques, toujours plus ou moins discutables, que d'une philosophie précise, à savoir le matérialisme historique.

La sociologie marxiste de la famille est étroitement liée à la théorie de la propriété, qui se situe au centre du système et, plus largement, à l'économique. C'est l'appropriation privée de la terre, primitivement bien commun de la tribu, qui fait éclater, selon les termes d'Engels, «la vieille société basée sur les liens du sang» et fonde, peu à peu, la famille moderne qu'il s'agit maintenant d'abolir, c'est l'*Aufhebung der Familie,* déjà annoncée par le *Manifeste.* Dans un manuscrit d'Engels, demeuré inédit jusqu'en 1914 et intitulé *Grundsätze des Kommunismus* (1847), l'auteur présente les principes du projet communiste sous la forme de 25 questions dont la vingt et unième demande: «Quelle influence la société communiste va-t-elle exercer sur la famille?» Voici la réponse: «Elle transformera les rapports entre les deux sexes en rapports purement privés, qui ne concerneront que les personnes intéressées, et dans lesquels la société n'aura pas à s'immiscer. Ceci est possible dans la mesure où elle supprime la propriété privée et donne aux enfants une éducation communautaire, faisant disparaître par là les deux pierres d'angle du mariage sous sa forme actuelle: dépendance de la femme à l'égard du mari et des enfants à l'égard des parents, au moyen de la propriété privée [1]».

[1] En annexe de l'édition bilingue du *Manifeste* (Editions Sociales, 1972, p. 231).

Il n'en résultera pas une communauté des femmes, comme le prétendaient les critiques, mais un régime de l'union libre qu'Engels préconisa à nouveau dans l'*Origine de la famille*. Cette continuité du programme marxiste à propos de la famille, et indépendamment des bases ethnologiques fournies ultérieurement par H. Morgan, éclaire les rapports entre la sociologie marxiste de la famille, dans son expression scientifique tardive, et les projets normatifs de sa politique étroitement rattachés au matérialisme historique. On peut remarquer qu'Aristote ne dissocie pas non plus, en général, la famille de l'économie qui est précisément, chez lui, la manière dont le groupe familial, esclaves compris, subvient à ses besoins. Toutefois, pour Aristote, le projet rationnel de l'homme précède chronologiquement les techniques et institutions économiques qui sont finalisées par la raison humaine. Si l'on voulait opposer schématiquement les deux perspectives, on dirait que, pour les marxistes, la famille est le produit d'une activité sociale résultant, en dernière instance, d'un niveau technique donné, tandis que, dans la perspective aristotélicienne, la famille est une «forme» *naturelle* génératrice de la société, les techniques n'étant que des instruments d'un projet humain qui est fondamentalement d'ordre éthique. L'argumentation d'Aristote en faveur de la famille monogamique stable, sinon indissoluble, et de la propriété privée, relève plutôt de la politique que de la sociologie en ce sens qu'il s'agit de considérations le plus souvent normatives (*bien commun* de la cité, vertu de ses membres); cependant ces normes reposent aussi sur des constatations empiriques typiques dignes d'être examinées à propos des sociologies de l'économique et du politique.

L'éducation mérite d'être étudiée séparément parce que chez Marx, comme chez Aristote, c'est l'Etat et non la famille, qui apparaît le mieux habilité pour l'organiser et l'inspirer, du moins après les premières années (7 ans pour Aristote), et on notera que pour l'un et l'autre une telle conception s'opposait à la situation qu'ils avaient respectivement sous les yeux.

Concluons ces aperçus sommaires, sur les sociologies aristotélicienne et marxiste de la famille, en insistant sur l'actualité de cette confrontation à un moment où, plus que jamais, la structure de la famille est radicalement mise en cause. Notons, pour commencer, que le modèle d'Engels d'une société où prédominerait l'union libre a trouvé une application étendue aux Etats-Unis: «Il semble, écrit A. Michel, que les Américains, avec leur taux très élevé de divorces, soient les meilleurs disciples d'Engels» [1], qui annonçait, non en tant que sociologue, mais plutôt à titre de prophète du socialisme, qu'après l'appropriation collective des moyens de production, «la famille conjugale cesse d'être l'unité économique de la société. L'économie domestique privée se transforme en industrie sociale. L'entretien et l'éducation des enfants deviennent une affaire publique, la société prend également soin de tous les enfants, qu'ils soient légitimes ou naturels. Du même coup, disparaît l'inquiétude des «suites»... raison suffisante pour que s'établisse peu à peu une plus grande liberté dans les relations sexuelles... Alors, il ne restera plus d'autre motif que l'inclination réciproque [2]». Celle-ci cesse-t-elle, ou est-elle évincée par une autre inclination,

[1] Andrée Michel, *Sociologie de la famille et du mariage,* 1972 Paris, p. 158.
[2] F. Engels, *L'Origine de la famille,* pp. 84 et 89.

qu'aussitôt le divorce résout la difficulté en épargnant «aux gens de patauger dans l'inutile boue d'un procès [1]».

La preuve est faite aujourd'hui qu'il n'est pas nécessaire d'instaurer le communisme pour en arriver là et, paradoxalement, c'est probablement les sociétés communistes qui imposent le plus facilement des restrictions au divorce. Les auteurs du *Manifeste* accusaient la société bourgeoise d'organiser la prostitution sous le couvert du mariage indissoluble découlant du régime de propriété privée; mais, puisque l'union libre s'accommode aussi bien du socialisme que du capitalisme, il convient de se demander si Aristote n'avait pas raison en posant la question de la nature de la famille au plan, non seulement de l'économique, mais aussi de l'éthique, seule capable, en définitive, de donner un sens à une institution où les finalités proprement humaines, caractérisées par la raison, sont engagées. On retrouve ici le contraste et, dans une certaine mesure, l'opposition, entre la perspective marxiste qui voit dans l'homme un *animal social* et la perspective aristotélicienne qui le définit comme *animal politique*.

Dans le premier cas, l'instinct plus ou moins développé de ce super-animal que serait l'homme n'exige aucune solution de continuité dans l'échelle de l'animalité, tandis que, dans le second cas, la reconnaissance d'une mystérieuse spiritualité de l'esprit implique si bien une rupture dans l'échelle de l'animalité que le Stagirite, ébloui et perplexe, propose cette notion «d'intellect agent», immortel éternel, «sans lequel rien ne pense [2]» et dont le bonheur s'appuie certes sur la satisfaction d'inclinations

[1] *Ibidem*, p. 90.

[2] *De l'âme,* traduction Tricot, p. 183.

fondamentales (nourriture, génération, sociabilité), mais requiert leur subordination à la raison dont l'activité doit, selon Aristote, commander toutes les autres. Cette priorité du rationnel chez l'homme commande, en définitive, la sociologie aristotélicienne de la famille toujours envisagée comme une œuvre de raison et non comme le résultat incontrôlé de l'inclination instinctive. Chez Engels, celle-ci est présentée comme la norme par excellence de la vie conjugale dans un régime communiste où les «suites», autrement dit les enfants [1] seraient pris en charge par la société. Régime d'irresponsabilité, avait déjà répondu Aristote, en critiquant le communisme de Platon, qui conduit, soit au totalitarisme, soit à l'anomie, mais certainement pas à une société politique destinée à réaliser le bonheur d'animaux raisonnables et non simplement sociaux.

[1] Il faut noter ici l'influence incontestable des options personnelles d'Engels, qui choisit l'union libre et n'eut pas d'enfants, tandis que Marx se maria à 25 ans avec Jennie von Westphalen, qui lui donna 7 enfants, dont 4 moururent en bas âge. La plupart des considérations sur le mariage dans la société communiste viennent d'Engels; Marx se borne en général à critiquer la famille bourgeoise, dont il dénonce la corruption.

Conclusion

Nous avons vu différents aspects des sociologies d'Aristote et de Marx, ce qui les rapproche et ce qui les oppose. L'enjeu de cette confrontation est tout autre chose qu'une querelle d'érudits. La vie quotidienne de peuples entiers est directement concernée par des options sociologiques qui aboutissent à des régimes politiques concrets, à des économies d'un type précis et à des conceptions de la famille dont les conséquences pratiques sont décisives au plan personnel.

Auguste Comte pensait que les philosophes positivistes, grâce à une «affinité spontanée», pourraient gagner la confiance des prolétaires et instaurer la Religion de l'Humanité, ou régénération finale, débarrassée de toutes les rêveries métaphysiques et théologiques. Les auteurs du Manifeste du Parti communiste annonçaient aussi la libération des prolétaires quoique par d'autres moyens. Dans les deux cas, des sociologies étaient invoquées pour garantir le caractère scientifique des projets. Aristote complétait l'idée de science en y ajoutant celles de sagesse et de prudence lorsqu'il s'agissait de la société humaine, du fait de l'indétermination qui caractérise, selon lui, la vie sociale. Double indétermination, pourrait-on préciser, car à la contingence du non-nécessaire s'ajoute celle de la liberté humaine. La diversité des constitutions politiques montre, par exemple, que rien n'impose de soi tel ou tel régime. Quand l'un d'eux est instauré, rien n'assure en outre que les citoyens se comporteront conformément aux normes édictées, d'où les possibilités de corruption que l'on peut, selon Aristote, prévenir dans certaines limites.

Cette conception de la sociologie en tant que savoir portant sur du contingent et indissociable d'un éclairage éthique, contraste avec l'approche «scientifique», en fait «scientiste», des deux plus grands penseurs du XIXe, Comte et Marx, qui, en sacrifiant aux sciences exactes («physique sociale», «socialisme scientifique») ont aussi sacrifié ce que le penseur grec a entrevu sans dégager les conséquences de cette découverte, savoir l'autonomie de la personne. Elle est réservée chez lui à une petite élite, en attendant que ses disciples chrétiens démocratisent et désintellectualisent, d'une manière imprévue, la dignité de la personne humaine qui peu à peu pénètre dans les mœurs pour être radicalement mise en cause au XIXe au nom de l'Humanité coupée, scientifiquement, de ses racines transcendantes. Les totalitarismes du XXe siècle montrent la gravité de ces options.

Indications bibliographiques

Aristote

Les traductions des œuvres d'Aristote sont nombreuses, nous avons cité ici celles de Tricot (Vrin). On retiendra surtout *La politique* (nouvelle édition 1970), *l'Ethique à Nicomaque* (nouvelle édition 1972) et *Les Economiques* (1958). *La constitution d'Athènes et* quelques autres textes politiques et sociologiques ont été traduits en anglais et publiés par K. von Fritz et E. Kapp en 1950 (Hafner, New York). *La métaphysique* (2 vol.) a été rééditée chez Vrin en 1970. On peut signaler aussi un recueil de textes traduits et choisis par J.-C. Fraisse, Aristote *Anthropologie* (PUF, 1976).

Les ouvrages sur Aristote forment des bibliothèques. Pour s'en tenir à des auteurs contemporains, citons Werner Jaeger, *Aristoteles Grundlegung einer Geschichte seiner Entwicklung* (1923), trad. anglaise complétée par R. Robinson: *Aristotle, Fundamentals of the History of his Development*, (1934), qui est capital et aborde l'œuvre d'Aristote dans son ensemble. P. Aubenque dans *Le problème de l'être chez Aristote* (PUF 1962) traite des principes de la philosophie d'Aristote avec une remarquable clarté.

Des ouvrages plus particuliers: J.-M. Le Blond, *Logique et méthode chez Aristote* (Vrin, 1939), A. Mansion, *Introduction à la physique aristotélicienne* (Vrin, 1945), G. G. Granger, *La théorie aristotélicienne de la science* (Aubier, 1976), J. Vuillemin, *De la logique à la théologie,* cinq études sur Aristote (Flammarion, 1967) et, dans le domaine pratique: P. Aubenque, *La prudence chez Aristote* (PUF, 1963), R. A. Gauthier, *La morale d'Aristote,* (PUF, 1958), J. Vanier, *Le bonheur principe et fin de la morale aristotélicienne* (Desclée De Brouwer, 1965), voir aussi Fondation Hart, *La «politique» d'Aristote* (sept exposés et discussions), (Droz, 1964), et R. Weil, *Aristote et l'histoire, Essai sur la «Politique»* (1960). Louis Millet, *Aristote,* Bordas 1987, excellente synthèse. Jacques de Monleon, *Marx et Aristote,* FAC (1984): pour les aspects philosophiques et anthropologiques.

Les *Œuvres* de Marx, en deux tomes, parues dans la Pléiade sont pour la partie économique particulièrement utiles (chronologie, index). Les ouvrages philosophiques et politiques existent aux Editions sociales notamment: *Manuscrits de 1844*, *Les luttes des classes* en France, *Le 18 Brumaire de Louis Bonaparte.* En collaboration avec Engels: *L'idéologie allemande, Manifeste du Parti communiste, Critique des Programmes de Gotha et d'Erfurt.* D'Engels seul, indiquons *La situation de la classe laborieuse en Angleterre* (1845), *Anti-Dühring* (1878), *Socialisme utopique et socialisme scientifique* (extraits du précédent), *L'origine de la famille, de la propriété privée et de l'Etat* (1884), *Ludwig Feuerbach et la fin de la philosophie classique allemande* (1888).

Une large sélection de la *Correspondance* de Marx et de Engels, entre eux et avec des tiers, a été publiée par les Editions du Progrès (Moscou, 1971) en traduction française (678 p.) et constitue un instrument très utile (index). Signalons trois biographies très documentées, *Karl Marx, sa vie, son œuvre* (ouvrage collectif Editions du Progrès, Moscou, 1973, trad. française, 670 p.), *Friedrich Engels, une biographie* (Institut du marxisme léniniste, Allemagne de l'Est, ouvrage collectif, traduction française, 1972, 632 p.) et M. Rubel, *Karl Marx, Essai de biographie intellectuelle* (1971).

Les travaux sur le marxisme sont innombrables, citons en langue française quelques ouvrages particulièrement importants pour notre sujet: P. D. Dognin, *Initiation à Karl Marx* (Cerf, 1970), l'analyse de la pensée économique de Marx y est très approfondie. Du point de vue philosophique, voir G. M. Cottier, *L'athéisme du jeune Marx, ses origines hégéliennes* (Vrin, 1959) et D. Mclellan, *Les jeunes hégéliens et Karl Marx* (Payot, 1969).

L'ouvrage d'ensemble de Calvez, *La pensée de Karl Marx* (Seuil, 1956) a une édition abrégée (1970). Voir aussi D. Riazanov, *Marx et Engels* (1923, trad. française, Anthropos, 1967), H. Lefebvre, *Sociologie de Marx* (PUF, 1966), K. Axelos, *Marx penseur de la technique* (Coll. 10 × 18, 1961), A. Schaff, *Le marxisme et l'individu* (Colin, 1968). Trois auteurs, enfin, ont consacré un chapitre d'un de leurs ouvrages à la pensée de Marx du point de vue philosophique: Maritain, *La philosophie morale* (Gallimard, 1961), sociologique: R. Aron,

Les étapes de la pensée sociologique (Gallimard, 1967) et économique: J. Schumpeter, *Capitalisme, socialisme et démocratie* (1942 Trad. française Payot). Ces études pourraient constituer une introduction critique à l'œuvre de Marx.

Bien qu'il ne soit pas encore traduit en français, il faut citer ici l'ouvrage capital de Leszek Kolakowski, *Main currents of Marxism* (Clarendon Press, Oxford 1978), 3 volumes traduits du polonais, au total plus de 1500 pages qui constituent une véritable *somme* sur le marxisme par un ancien professeur de Varsovie devenu historien (critique) d'une pensée qu'il connaît pour l'avoir longtemps enseignée.

Signalons aussi la traduction et les commentaires que P.-D. Dognin a fait du chapitre I du *Capital,* dans ses trois rédactions successives, dans un ouvrage en deux volumes intitulé: *Les «sentiers escarpés» de Karl Marx,* Cerf, 230 p. et 128 p. 1977. Cette étude complète remarquablement la classique *Initiation à Karl Marx* du même auteur qui a été déjà mentionnée.

Du côté marxiste, rappelons pour mémoire les principaux théoriciens de la IIe Internationale: K. Kautsky, E. Bernstein, R. Luxembourg, G. Plekhanov, Lénine, Trotsky et des œuvres comme celles d'Antonio Labriola ou de G. Sorel. Entre les deux guerres: Boukharine, Staline, Trotsky, K. Korsch, G. Lukacs, A. Gramsci ont rédigé leurs œuvres. Depuis la Deuxième Guerre mondiale, le marxisme n'a cessé de prendre de l'importance et il suffira de citer des auteurs aussi différents que Mao Tsé-Toung, Marcuse, Garaudy, Althusser, E. Bloch, pour illustrer la variété des perspectives.

Deux ouvrages récents retracent cette évolution du marxisme: H. Chambre, *De Karl Marx à Lénine et Mao Tsé-Toung* (Aubier, 1976) et Anvar Kahmei, *Le Révisionnisme de Marx à Mao* (Anthropos, 1976). Signalons un recueil de textes politiques rassemblés par F. Chatelet, E. Pisier-Kouchner et J. M. Vincent, *Les marxistes et la politique,* (PUF, 1975).

Théorie sociologique [1]*:* indications sommaires.

L'œuvre d'Auguste Comte a fait l'objet de rééditions partielles récentes, signalons notamment La *Physique sociale* (Hermann, 1975)

[1] Sauf Aristote et Marx.

qui reprend les leçons 46 à 60 du *Cours de philosophie positive,* le *Catéchisme positiviste* (Garnier, 1966), *Discours sur l'esprit* positif (Vrin, 1974), *Plan des travaux scientifiques nécessaires pour réorganiser la société* (Aubier, 1970), d'importants textes du jeune Comte ont été édités dans la collection «idées», *La science sociale* (Gallimard 1972) et «Pluriel», *Du pouvoir spirituel* (Le livre de poche, 1978) avec des introductions. Des morceaux choisis présentés par P. Arnaud existent dans la collection U, *Politique d'Auguste Comte,* (Colin 1965). Toutes les œuvres qui viennent d'être mentionnées sont capitales pour comprendre la pensée d'A. Comte et leurs rééditions récentes ont valeur de signe.

On a beaucoup écrit sur Comte, indiquons d'abord, *La vie d'Auguste Comte* par H. Gouhier (Vrin, 1965) qui est remarquable et quatre études dues à des auteurs qui consacrent un chapitre d'un de leurs ouvrages au fondateur du positivisme: H. de Lubac, *Le drame de l'humanisme athée* (Spes, 1945), E. Gilson, *Les métamorphoses de la cité de Dieu* (Vrin, 1952), J. Maritain, *La philosophie morale* (1960) et R. Aron, *Les étapes de la pensée sociologique* (1967).

L. Levy-Bruhl, *La philosophie d'Auguste Comte* (1900) et J. Lacroix *La sociologie d'Auguste Comte* (PUF, 1956) complètent ces brèves indications.

J. Stuart Mill, ami et libre disciple de Comte, doit être mentionné notamment pour le livre VI du *System of logic* (1840) qui porte sur les sciences sociales. H. Spencer, philosophe de l'évolution, publia *Les principes de sociologie et de morale* entre 1876 et 1896 et son influence dans les pays anglo-saxons a été très sensible. Voir aussi H. Maine, *Ancient Law* (1861).

En Allemagne, T. Tönnies, *Gemeinschaft und Gesellschaft* (1887) trad. française, *Communauté et société* (PUF, 1944), a exercé une influence dont se réclameront la plupart des grands sociologues allemands de la fin du XIXe jusqu'aux années trente. Parmi ceux-ci Max Weber, dont l'œuvre est traduite depuis quelques années en français chez Plon: *Economie et société* (1971), *Essais sur la théorie des sciences* (1965), *l'éthique protestante et l'esprit du capitalisme* (1964) et *Le savant et le politique* (10/18, 1959). Indiquons aussi G. Simmel *Soziologie* [1] (1908).

[1] Une traduction française, de certains textes essentiels de SIMMEL est parue, sous le Titre de *Sociologie et Épistémologie,* PUF, 1981.

E. Durkheim, fondateur de l'école française est surtout connu par *De la division du travail social* (1893), *Les règles de la méthode sociologique* (1895), *Le suicide* (1897), *Les formes élémentaires de la vie religieuse* (1912).

Sur M. Weber et Durkheim qui sont les plus importants sociologues depuis A. Comte, voir T. Parsons, *The structure of social action* (1937) trad. française (1955 chez Plon) et R. Aron, *Les étapes de la pensée sociologique* (1967).

De Pareto, citons le *Traité de sociologie générale* (1916).

On trouvera dans l'ouvrage célèbre de Max Scheler, *Le formalisme en éthique et l'éthique matériale des valeurs* (1916, trad. française, Gallimard, 1955) un très original essai de sociologie (pp. 519–560) traitant des «personne-singulière et personne-commune», dont l'intérêt exceptionnel mérite d'être souligné. Voir aussi du même auteur *Versuche zu einer Soziologie des Wissens* (1924) avec une récente traduction anglaise *Problems of sociology of Knowledge,* Routledge-Kegan 1980. De Marcel Mauss (1873–1950), ami et disciple de Durkheim, indiquons la récente réédition des *Essais de sociologie* (Paris, Seuil, 1971).

Voir aussi de Bronislaw Malinowski, théoricien du fonctionnalisme, *Une théorie scientifique de la culture* (1944, et Paris Seuil, 1970), et le grand ethnologue Robert Lowie qui a écrit un *Traité de sociologie primitive* (1931, trad. Payot 1936, rééditions) et une *Histoire de l'ethnologie classique* (1937, trad. Payot 1938, rééditions), très remarquables. Karl Mannheim, sociologue de la connaissance à la suite de Scheler, est l'auteur d'un ouvrage célèbre: *Ideology and utopia* (1936, rééditions chez Routledge-Kegan, Londres).

Pour l'école de Francfort, on pourra se reporter à l'ouvrage de L. Kolakowski, *Main currents of Marxism,* vol. 3, déjà mentionné; voir aussi la traduction de la fameuse «Querelle allemande des sciences sociales» dans T. Adorno-K. Popper *De Vienne à Francfort* (trad. aux Editions complexes, Paris, 1979).

De Talcott Parsons (1902–1979), longtemps inspirateur de la sociologie nord-américaine (fonctionnalisme), indiquons: *The structure of social action* (1937) et *The Social System* (1951). Voir aussi Pitirim A. Sorokin, dont l'énorme synthèse: *Social and Cultural Dynamics* (1937) a été rééditée en 1962 (2900 pages en 4 volumes).

Pour les auteurs contemporains, le meilleur guide est probablement Paul F. Lazarsfeld, in *Principales tendances de la recherche dans les sciences humaines,* chapitre I (Unesco 1970) ou dans la collection Idées, *Qu'est-ce que la sociologie?* On y trouvera un tableau très complet des principaux courants de la sociologie dans le monde et une analyse des principales orientations théoriques. Signalons aussi le *Manuel de sociologie.* d'A. Cuvillier, 5e édition, (PUF, 1967, 3 vol.) qui contient une abondante bibliographie internationale.

De Lévi-Strauss citons *La pensée sauvage* (1962) et les quatre volumes des *Mythologiques* (1964–1971) – cf. l'ouvrage d'ensemble de Marcel HENAFF *Claude Lévi-Strauss* (1991). On se reportera aussi à propos des sociétés primitives à l'ouvrage classique de William Schmidt *Origine et évolution de la religion, les théories et les faits* (1931).

Mise à jour bibliographique (2000)

I-Aristote

En français:
Pierre Aubenque et Alonso Tordesillas: *Aristote politique,* 1993
Rémi Brague: *Aristote et la question du monde,* 1988
Jean Lombart: Aristote, *politique et éducation,* 1994
Guillaume Vannier: *L'esclave dans la cité, Aristote, ethique et politique,* 1999
Solange Vergnières: *Ethique et politique chez Aristote,* 1995
Francis Wolff: *Aristote et la politique,* 1991

En allemand:
Franz Brentano: *Aristoteles und seine Weltanschauung,* 1998
Peter Koslowski: *Politik und Ökonomie bei Aristoteles,* 1993
Bernt Plickat: *Aristoteles' Begründung des politisch Guten,* 1998
En anglais:
Larry Arnhart / *Aristotle on Political Reasoning: A Commentary on the Rhetoric* 198

Robert C. Bartlett(Editor), Susan D. Collins (Editor) / *Action and Contemplation: Studies in the Moral and Political Thought of Aristotle* Suny Series in Ancient Greek Philosophy 1999
Jonathan Barnes: *Aristotle* 1983
Kenneth McLeisch, Kenneth McLeish *Aristotle* 1999
Jonathan Lear / *Aristotle: The Desire to Understand* 1988
George E. McCarthy(Editor) / *Marx and Aristotle: Nineteenth-Century German Social Theory and Classical Antiquity* 1992
A Philosophical Commentary on the Politics of Aristotle
Peter L. Phillips Simpson, *Marx and Aristotle* 1998
Richard Bodeus, Jan Garrett (Translator) *The Political Dimensions of Aristotle's Ethics* (Suny Series in Ancient Greek Philosophy) 1993
Bernard Yack / *The Problems of a Political Animal: Community, Justice, and Conflict in Aristotelian Political Thought* 1993

II -Marx

En français:

Etienne Balibar, *La philosophie de Marx* 1993
Maurice Barbier, *La pensée politique de Karl Marx* 1992
Jean-Pierre Durand, *La sociologie de Marx* 1995
Jon Elster, Karl Marx: *une interprétation analytique*/ trad.P.E Dauzat 1989
Kostas Papaioannou *Marx et les marxistes* 1984

En allemand:

Andreas Arndt, Karl Marx: *Versuch über den Zusammenhang seiner Theorie,* 1985
Oskar Cöster, *Hegel und Marx* 1983
Jürgen Habermas, Eberhard Braun, *«Aufhebung der Philosophie»: Karl Marx und die Folgen,* 1992
Otto Reinhold, *Marx heute,* 1983
Walter Theimer, *Der Marxismus: Lehre, Wirkung, Kritik,* 1985
Walter Theimer, *Der Marxismus: Lehre, Wirkung, Kritik,*985

En anglais:
Walter L Adamson, *Marx and the disillusionment of Marxism,* 1985
George Lichtheim, *Marxism: an historical and critical study,* 1982
David Macgregor, *The communist ideal in Hegel and Marx,* 1984
David, Maclellan, *Marxism and religion,* 1987
David Maclellan, *The thought of Karl Marx: an introduction* 1995
Bruce Mazlish, *The meaning of Karl Marx,* 1984
Kenneth Neill Cameron, *Marxism: the science of society: an introduction,* 1985

Annexe I

Sept définitions

SOCIOLOGIE :

Etude du phénomène social humain qui est une réalité interrelationnelle, à partir d'observations empiriques faisant appel notamment aux méthodes quantitatives et à l'histoire. Elle est distincte, mais non séparable de la philosophie morale.

PHILOSOPHIE :

Etude de la sagesse, science des premiers principes et des causes premières. Les grandes parties de la philosophie sont :

1. La *logique* ou art de raisonner juste (logique formelle) et d'établir les conditions pour que le raisonnement établisse des propositions *vraies* (logique matérielle et méthodologie).
2. *Philosophie spéculative* comportant
   a) la philosophie des mathématiques,
   b) la philosophie de la nature (monde, homme),
   c) la métaphysique qui est la *science* de *l'être en tant qu'être* (Aristote) tandis que les autres sciences étudient les *manières d'être*. La métaphysique aborde les questions relatives à l'existence, à l'essence, au devenir et aux causes premières.
3. *Philosophie pratique :*
   a) la philosophie de l'art et de la technique,
   b) la philosophie du comportement moral ou éthique (impliquant une décision, un choix, une liberté).

MATÉRIALISME :

Conception selon laquelle l'esprit provient de la matière (Démocrite, Epicure, Helvétius, Condillac sont matérialistes).

Matérialisme dialectique:

Chez Hegel, la contradiction logique est posée dans la pensée comme source créatrice du réel. Marx «retourne» Hegel et pose la contradiction logique dans la structure même des choses matérielles avec le même *effet créateur* que chez Hegel.

Matérialisme historique:

Conception selon laquelle les modes de production des biens matériels nécessaires à la vie des hommes déterminent, en dernière instance, l'évolution de l'histoire humaine.

Nota Bene

L'expression de matérialisme dialectique est de Plékhanov (1895), celle de matérialisme historique d'Engels (1878), mais elles traduisent bien la pensée de Marx.

Notons, enfin, qu'Engels oppose métaphysique et dialectique après avoir décrit la première dans une perspective idéaliste préhégélienne – et non pas réaliste comme Aristote.

Idéalisme

Théorie de la connaissance qui part de l'idée ou de la conscience d'une connaissance et se pose *ensuite* la question de l'existence du réel. (Platon, Descartes et Hegel sont idéalistes quoique dans des intentions très différentes).

Réalisme:

Le réalisme *part toujours d'une réalité empiriquement donnée* et son analyse du réel se fait à la lumière de la raison, mais sans quitter le réel. (Aristote et ses disciples médiévaux – St Thomas – ou contemporains, sont réalistes). Les réalistes s'accordent, dans une certaine mesure, avec les matérialistes pour admettre que nos idées nous viennent par les sens, mais se refusent à réduire la pensée à la matière [1] même «dialectiquement».

[1] Les sens appréhendent les singuliers tandis que l'intelligence appréhende l'universel intelligible.

Annexe II

Epistémologie aristotélicienne

Activités humaines et types de savoirs

Caractère de l'activité	
Intérieure (immanente)	Vers l'extérieur (transitive)

Raison théorique (spéculative)

Métaphysique
Mathématique
Physique (philosophie de la nature)

Raison pratique

1. Relative aux activités éthico-sociales — PRAXIS

Morale individuelle	Sociologie Politique [1] Economie

2. Relative aux activités techniques et artistiques — POIESIS

Logique Linguistique Rhétorique	Art Production/fabrication

[1] Science pratique *architectonique* ou directrice.

Annexe III

Epistémologie d'A. Comte

Hiérarchie théorétique des conceptions humaines ou tableau synthétique de l'ordre universel

d'après une échelle encyclopédique à cinq ou sept degrés Philosophie positive, ou Connaissance systématique de l'humanité

DIVISION DOGMATIQUE

Etude de la Terre...

Abstraite, ou
Etude fondamentale de l'existence universelle

d'abord numérique, puis géométrique, et enfin mécanique

... ou cosmologie

Concrète, ou
Etude directe de l'ordre matériel

Etude de l'Homme...

Préliminaire, ou
Etude générale de l'ordre vital

... ou Sociologie

Finale, ou
Etude directe de l'ordre humain: collectif
individuel

DIVISION HISTORIQUE

Science préliminaire, ou philosophie naturelle
(ordre extérieur)

1. Mathématique
2. Physique
   céleste, ou Astronomie
   terrestre   générale, ou physique (proprement dite)
                spéciale, ou Chimie
3. Biologie

Science finale, ou philosophie morale
(ordre humain)

4. Sociologie (proprement dite)
5. Morale

Praxis : activité pratique, impliquant une décision libre.

Poiesis : activité tournée vers l'extérieur (transitive) dans le domaine technique et artistique.

Phronesis : capacité régulatrice rationnelle (prudence) réglant les actions volontaires individuelles et politico-sociales.

Théologie naturelle : savoir rationnel et portant sur les causes première et finale.

Métaphysique : savoir portant sur *l'être en tant qu'être* dans son intelligibilité (essence), dans son existence (substance-accident), dans son action (acte-puissance) et sur les premiers principes de la connaissance (principe de contradiction notamment).

Mathématique : savoir portant sur le *nombre* qui est abstrait de la matière sensible et du mouvement, de manière purement idéale (être de raison et non être réel, bien qu'immatériel, de la métaphysique).

Physique : (philosophie de la nature et non pas physique empirico-mathématique ni biologie schématique-empirique modernes). Savoir portant sur l'être dans les choses *matérielles et mobiles* en vue d'une *connaissance* philosophique, non pas d'une application pratique. Elle couvre l'ensemble des sciences d'observation (organiques, non organiques).

Table des matières

L'HARMATTAN ITALIE
Via Degli Artisti 15; 10124 Torino

L'HARMATTAN HONGRIE
Könyvesbolt ; Kossuth L. u. 14-16
1053 Budapest

L'HARMATTAN BURKINA FASO
Rue 15.167 Route du Pô Patte d'oie
12 BP 226 Ouagadougou 12
(00226) 76 59 79 86

ESPACE L'HARMATTAN KINSHASA
Faculté des Sciences sociales,
politiques et administratives
Université de Kinshasa
BP243, KIN XI

L'HARMATTAN CONGO
67, av. E. P. Lumumba
Bât. – Congo Pharmacie (Bib. Nat.)
BP2874 Brazzaville
harmattan.congo@yahoo.fr

L'HARMATTAN GUINÉE
Almamya Rue KA 028, en face du restaurant Le Cèdre
OKB agency BP 3470 Conakry
(00224) 60 20 85 08
harmattanguinee@yahoo.fr

L'HARMATTAN CÔTE D'IVOIRE
M. Etien N'dah Ahmon
Résidence Karl / cité des arts
Abidjan-Cocody 03 BP 1588 Abidjan 03
(00225) 05 77 87 31

L'HARMATTAN MAURITANIE
Espace El Kettab du livre francophone
N° 472 avenue du Palais des Congrès
BP 316 Nouakchott
(00222) 63 25 980

L'HARMATTAN CAMEROUN
BP 11486
Face à la SNI, immeuble Don Bosco
Yaoundé
(00237) 99 76 61 66
harmattancam@yahoo.fr

L'HARMATTAN SÉNÉGAL
« Villa Rose », rue de Diourbel X G, Point E
BP 45034 Dakar FANN
(00221) 33 825 98 58 / 77 242 25 08
senharmattan@gmail.com

570980 - Juillet 2014
Achevé d'imprimer par

1livre.com
du rêve à la réalité !